고(故) 김남주 시인.

1977년 6월. 김남주씨 바로 옆에 황석영, 고은, 오른쪽 끝에 박석무씨의 모습이 보인다.

1989년 출소 직후 민족문학작가회의 신년하례식장에서.

1989년 1월 광주 문빈정사에서 부인 박광숙씨와의 결혼.

1989년 금강 개관식장에서 송기원, 임재경,
민영 선생님과 함께.

1990년 5월 민족예술인총연합이 주관한
광주민중항쟁 10주년 기념공연장에서.

1991년 4월 제9회 신동엽창작기금을 받고.

1993년 5월 윤상원상 수상.

1993년 11월 투병중에 광주에서. 김남주씨 오른쪽으로 윤한봉, 김현장씨.

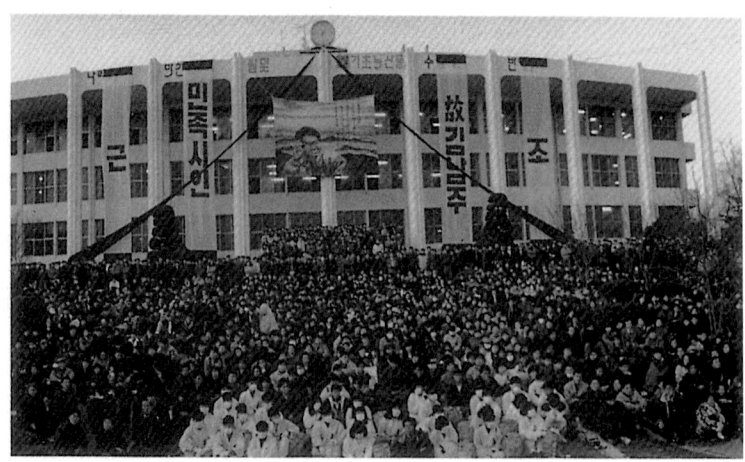

전남대 5월광장에서의 영결식.

창비시선 128

김남주 유고시집

나와 함께 모든 노래가 사라진다면

창비

차 례

제 1 부

시 인 ……………………………………… 8
그때 가서는 ……………………………… 9
서울의 달 ………………………………… 10
꽃 …………………………………………… 11
산골 아이들 ……………………………… 12
캄캄한 세상 바다 ………………………… 14

제 2 부

시인이란 것들 …………………………… 18
어느 장단에 춤을 ………………………… 19
편지 1 …………………………………… 20
시를 대하고 ……………………………… 22
편지 2 …………………………………… 24
통 방 ……………………………………… 25
욕 …………………………………………… 28
자유를 위하여 …………………………… 30

자유여	32
나는 살아 있다	34
침 묵	36
독거수	37
역 사	38
용봉의 꿈	40
혁명의 길	42
역 시	44
개털들	46
안 팎	49
밤의 도시	50
돈 앞에서	53
요즈음	54
돈만 있으면	56
왕중왕	58
Welcome U. S. Marines	60

제 3 부

새가 되어	64
여 자	65
하염없이 하염없이	66

별 ································· 68
님 ································· 69
자주댕기는 봄바람에 나부끼고 ············ 70
제발 좀 솔직하자 ······················ 72
狂 犬 ······························· 75
비 애 ······························· 78
당나귀 좆 빼고 귀 빼고 나면 ············ 80
마의 산 ····························· 83
음 모 ······························· 86
마을 길도 넓혀졌다는데 ················ 88
새마을 ······························ 90
친절에 대하여 ························ 91
달구지에 실려 어디론가 끌려가는
  볏섬과 함께 ······················· 92
그 집을 생각하면 ····················· 94
도로아미타불 ························· 96
다 끝내고 ···························· 99
유 서 ······························ 100
시집 『鎭魂歌』를 읽고 ················ 103
연 극 ······························ 106
앉은뱅이 뒷북이나 ···················· 108
笑劇三場 ···························· 110

제 4 부

한 매듭의 끝에 와서 ····················· 122
두물머리 ································· 126
이 바보 천치야 ··························· 128
많이 달라졌지요 ·························· 131
법 규 ···································· 132
무 심 ···································· 135
서당 훈장 ································· 138
개똥벌레 하나 ···························· 141
어머니의 밥상 ···························· 143
양복쟁이 ································· 145
어느날 공장을 나오면서 ·················· 147
바람 찬 언덕에 서서 ······················ 149
단결의 무기 ······························ 151
노동의 대지에 뿌리를 내리고 ············· 155
겨레의 마지막 순결 너 백두산 기슭이여 ········ 158
역사에 부치는 노래 ······················· 161
선거 때만 되면 ··························· 165
추석 무렵 ································· 166
밤의 서울 ································· 167

토악의 세계 ·················· 169
자식 때문에 어머니가 ·············· 171
근 황 ···················· 174
거대한 뿌리 ·················· 177

제 5 부

아버지 ···················· 182
하하 저기다 저기 ················ 184
여자는 ···················· 186
잔소리 ···················· 188
중세사 ···················· 192

　시작 메모 ·················· 195
　일 기 ··················· 204
　편 지 ··················· 207
　■ 발 문 ············ 김형수 · 212
　■ 엮고 나서 ············ 박광숙 · 220

제 1 부

시 인
그때 가서는
서울의 달
꽃
산골 아이들
캄캄한 세상 바다

시 인

세상이 몽둥이로 다스려질 때
시인은 행복하다

세상이 법으로 다스려질 때
시인은 그래도 행복하다

세상이 법 없이도 다스려질 때
시인은 필요없다

법이 없으면 시도 없다

그때 가서는

어느날 얼근히 취해
밤거리 노닐다가 집에 돌아와
오랜만에 정말 오랜만에
아내와 마주해보는 밥상이여
후루룩 후루룩 숭늉으로 밥알 넘기고
아랫목에 벌렁 누워
한대 피워무는 담배여
동그랗게 동그랗게 피어오르는 담배 연기여,
다 날아가버려라 그때 가서는
사랑도 증오도, 다 날아가버려라
원수도 원수 같은 거 혁명도
다 날아가버려라 그때 가서는

서울의 달

별 하나 초롱초롱하게 키우지 못하고
새 한마리 자유롭게 날지 못하는
서울의 하늘

물 한모금 깨끗하게 마실 수 없고
고기 한마리 병들지 않고 살 수 없는
서울의 강

그리고 아침 저녁으로
공기 한바람 상쾌하게 들이켤 수 없는
서울의 거리

나는 빠져나간다.
지옥을 빠져나가듯 서울을 빠져나간다
영등폰가 어딘가 구론가 어딘가
시커먼 굴뚝 위에 걸려 있는 누르팅팅한 달이
자본의 아가리가 토해놓은 서울의 얼굴이라 생각하
면서

꽃

남자들은 왜 여자만 보면 만지려고 그러지요?

그 이유를 말하지.
저기 좀 봐 길가에 핀 꽃, 맨드라미를.
나는 방금
맨드라미를 보고 말의 볼기짝이라 생각했고
그 생각에 잠시 잠기다가
그에게로 다가가고 싶었고
그 향기에 취하고 싶었고
그에게 가까이 막상 다가갔더니 만지고 싶었고
그리고 만졌어 그뿐이야.

왜 꺾지는 않았지요?
울 테니까 꽃이.

산골 아이들

이 아이들
자기들 담임선생과 함께 걷고 있는 나를
에워싸고 헬끔헬끔 쳐다보다가도
무엇이 그리도 우스운지 깔깔대며
천방지축으로 흩어져 달아나는 이 아이들

이 아이들
낯선 사람을 보면
그가 무슨 친절이라도 베풀면 그 길로
지서에 달려가 신고하는 아이도 있다 이 산골 아이들

이 아이들
집에 가면 어른처럼 일을 하고
갓난아이 보다 얼러 잠재운다
이 아이들
그 얼굴 아직은 함박꽃 같은 웃음뿐이고
그 손은 아직 고사리손인 이 아이들

저만큼 쪼르르 빗속으로 달아난다
저마다 메밀꽃 뽑아 한 손에 모아
그래도 선생님과 나에게 내밀고
부끄러워 부끄러워 밤송이 같은 뒷머리 뒤로 하고
달아나는 이 아이들

무엇이 될까 이 아이들은 커서
나이 사십에 구부러진 허리
죽으면 죽었지 서른다섯에 아직 장가도 못 가는 이
산골에서

무엇이 될까 그러면 이 아이들 도시로 가서

캄캄한 세상 바다

가자 바다로
가서 앞바다로 가서 당신은
꼬막도 긁어오고 바구니 가득
호미 잡고 손으로 깨구막 잡아
새끼들 안 굶길 만하면
가자 바다로
가서 먼 바다로 가서 한 삼년 가서
떼돈을 모아오자
그리고 이 바다를 떠나자
그리고 이 세상을 떠나자

갈고리 같은 손으로 깨구막 쑤셔
바구니 가득 쌀 사고
새끼들 안 굶어죽을 만큼만 하고

뜨자 이 바다 이 세상
대처에다 구멍 하나 마련하고

가자 바다로
한번만 딱 한번만 다시 가자
가서 당신은 앞바다로 가서
갈고리 같은 손으로 낙지구멍도 파서
바구니 가득 파서
그래도 새끼들 안 굶길 만큼 하고
가서 나는 먼 바다 고기 잡으러 나가서
파도 넘어 천 고비 시련의 고개 넘어

제 2 부

시인이란 것들
어느 장단에 춤을
편지 1
시를 대하고
편지 2
통 방
욕
자유를 위하여
자유여
나는 살아 있다
침 묵
독거수
역 사
용봉의 꿈
혁명의 길
역 시
개털들
안 팎
밤의 도시
돈 앞에서
요즈음
돈만 있으면
왕중왕
Welcome U. S. Marines

시인이란 것들

밤중에
홀랑 꾀벗고 마누라와 그것을 하다가 열렬하게 하다가
문득 사상이라는 것이 떠올랐다나
벌떡 일어나 책상으로 달려가 그것을 수첩에 적어놨더니

"뜨겁지도 않고
차갑지도 않고 그저 미지근하니까
나는 너를 내 입에서 뱉어버린다."

어느 장단에 춤을

그의 시를 읽고 어떤 이는
목소리가 너무 높다 핀잔이고 어떤 이는
목소리가 너무 낮다 불만이다
아직 목소리가 낮다 불만인 사람은
지금 싸움의 한가운데 있는 사람이고
너무 목소리가 높다 핀잔인 사람은
지금 안락의자 속에서 꿈을 꾸고 있는 사람이다

그의 행동을 놓고 어떤 이는
혁명 조급증에 걸린 놈이라 타박이고 어떤 이는
혁명 느림보라 채찍질이다
조급증 환자라 타박인 사람은
지금 먹을 만큼은 먹고 사는 사람이고
느림보라고 채찍질인 사람은
당장에 주리고 있는 사람이다

편 지 1

시를 써보겠다는 생각은
아예 그만두기로 했습니다 이곳에서는
네 벽에 가득 찬 것은 어둠뿐인 이곳에서는
돼지처럼 넣어준 콩밥이나 받아먹고
신트림 구린 방귀나 풍기고 사는 이곳에서
시를 써보겠다는 욕심은 부리지 않기로 했습니다
시가 무슨 신성한 것이어서가 아닙니다
펜이 없고 종이가 없고 형편이 나빠서가 아닙니다
흙이 없기 때문입니다 노동이 없기 때문입니다
흙과 노동이 빚어낸 생활의 얼굴이 없기 때문입니다
밝음을 위한 무기 싸움이 없기 때문입니다

내 시의 기반은 대지입니다
대지를 발판으로 일어서서 그 위에
노동을 가하는 농부의 연장과 땀입니다
씨를 뿌리기 위한 바람과의 싸움입니다
뿌리를 내리기 위한 어둠과의 격투입니다

노동의 수확을 지키기 위한 거머리와 진드기와의 피투성이의 실랑이입니다
추위를 막기 위한 벽과의 싸움이고
불을 캐기 위한 굴속과의 숨바꼭질입니다
대지 노동 투쟁이 기반을 잃으면
내 팔의 힘은 깃털 하나 들어올릴 수 없습니다
이 발판이 없어지면 나는 힘센 자의 입김에도 쓰러지고 마는 허깨비입니다
내가 한 줄의 시를 쓸 수 있는 것은
가뭄을 이기는 저 농부들의 두레에 내가 낄 때입니다
그들과 더불어 내가 있고
그들과 더불어 내가 사고하고
그들과 더불어 내가 싸울 때
그때 나는 한 줄의 시가 됩니다

시를 대하고

시는 저주가 되어서는 안되는가
시는 증오가 되어서는 안되는가
시는 전투가 되어서는 안되는가
별을 노래하듯 시를 노래하고 시를 노래하듯 별을 노래하고
시는 인간의 입김 인간의 육화된 내면의 방귀소리인가

아니다 적어도 내가 어둠의 자식으로 갇혀 있는 한은
아니다 적어도 내가 민중의 자식으로 묶여 있는 한은
아니다 적어도 내가 이민족의 노예로 박해받고 있는 한은

시도 사람의 일
신이 아닌 신이 아닌 것도 아닌
일하고 노래하고 싸우고 그러다 끝내 죽고 마는
보통 사람의 일인 것이다

한술의 밥 때문에 할퀴고 물어뜯고 살해까지 하는
한가닥 빛을 위해 세계를 거는
단순하고 당돌한 사람들의 일인 것이다
집을, 보습 대일 한 뙈기의 땅을, 빛을 갖고 싶어하는
제 새끼도 남의 새끼마냥 키우고 싶어하는
소박한 사람들의 일인 것이다

편 지 2

벌방에서

어머니 이 밥을 받아야 합니까
식구통으로 들이미는 컴컴한 이 주먹밥을
수갑 찬 두 손으로 받아야 합니까
이 밥을 먹어야 합니까 어머니
가마니때기 위에 놓인 컴컴한 이 주먹밥을
수갑 찬 두 손으로 먹어야 합니까
인간이 도야지에게 밥을 줄 때 이렇게 주던가요 어머니
똥개가 똥을 핥을 때 이렇게 핥던가요 어머니
산다는 것이 어머니 이런 것이던가요
차라리 죽어버리라고 어머니 왜 말씀 못하세요
왜 말씀 못하세요 어머니 어머니

통 방

추억을 위하여

똑 하나를 두드리면 ㄱ이 되고
똑똑 둘을 두드리면 ㄴ이 되고
똑똑똑 셋을 두드리면 ㄷ이 되고
찍 하나를 그으면 ㅏ가 되고
찍찍 둘을 그으면 ㅑ가 되고
찍찍찍 셋을 그으면 ㅓ가 되고
그래 그래 모음과 자음이 어우러져 가갸거겨가 되지
이렇게 하여 우리는 통방을 하기 시작했지.

—— 무슨 사건으로 들어왔습니까.

—— 남조선민족해방전선입니다.

—— 아! 그렇습니까 알고 있었습니다 장합니다 고생이 많았겠습니다. 일행이 많은 것 같은데 이곳에 몇이나 왔습니까.

—— 여자까지 합쳐 모두 서른여섯입니다.

—— 아! 여자분들도 있습니까, 그분들은 그러면 여사로 가셨겠습니다. 참 인사가 늦었습니다. 성함이 어

떻게 되십니까. 저는 유한욱이라고 합니다. 고향은요 신의주래요.

―― 그렇습니까 김남주라고 불러주십시오. 전남 해남이 고향입니다.

―― 실례지만 김선생님은 몇년 받으셨어요.

―― 15년입니다.

―― 아 그래요! 건강에 특히 유의하셔야겠습니다. 그 방은 물 안 샙니까.

―― 샙니다. 천장이 온통 썩어 있는데요. 어디 이게 산 사람이 살 데 같지 않습니다. 송장이나 눕히는 관입니다.

―― 그렇습니다 정말 관입니다. 그것도 비가 주룩주룩 새는. 사람이니까 이런 곳에서 살아남을 수 있지 거위나 닭 같은 짐승을 가둔다면 금방 죽고 말 것이야요. 김선생님 막 움직여야 삽니다. 움직이지 않으면 살아남지 못합니다. 미쳐 나간 사람, 혈압이 터져 나간 사람, 수두룩합니다.

——예 잘 알았습니다. 선생님은 지금 이런 생활이 얼마나 되십니까.

　——저요, 저 말씀입니까, 만 30년째입니다.

욕

한번 입에서 나왔다 하면
봇물처럼 쏟아지고 마는 것이 욕이다
오늘 아침 나는
2사하 12방 모모씨를 불러 통방을 하다가
경교대의 저지를 받았다 우리는 그를 거들떠보지도 않고
하던 밀담을 계속했다 이에 약이 올랐던지 경교대는 삐딱하게 나갔다
"어이 내 입에서 욕이 나가기 전에 그만들 통방 해이."
경교대의 반말에 야마가 돈 모모씨가 발끈 화를 냈다
"임마 어디다 대고 반말찌거리야. 욕! 어디 한번 해봐 이 새끼야."
이에 편승하여 나는 한마디 거든다는 것이
그만 욕설부터 터져나오는 것이었다
"야 이 새끼야 웬 참견이야 아침부터
너는 말이야 통행문이나 잘 지키고 있다가 간수가

지나갈 때면

　모자에 손 갖다붙이고 충성! 충성! 짐승처럼 악을 쓰면 되는 거야

　이 새끼가 군화에 모자 씌워주고 군복에 완장 채워 놓으니까

　보이는 게 없나 봐 너희들만 보면 이가 드륵드륵 갈린다

　이 종놈의 새끼들아 이 노예 새끼들아 산다는 게 꼭 그렇게밖에 못 살겠더냐."

자유를 위하여

곡괭이에 찍혀
잘려나간 대지의 뿌리
당신은 생각하는가 한두 번의 곡괭이질로
자유의 뿌리가 뽑히리라고
갈고리에 걸려
떨어져나간 하늘의 가지
당신은 생각하는가 한두 번의 갈고리질로
자유의 날개가 꺾이리라고
도끼에 찍혀
흠집투성이가 된 대지의 기둥
당신은 생각하는가 한두 번의 도끼질로
자유의 나무가 넘어지리라고

보아다오 뿌리는 벌써 뻗어
마을로 동구 밖 한길의 네거리로 뻗어내려
찢어지는 산맥 강물의 속삭임과 함께 전진하고 있나니

보아다오 가지는 이미 그 씨방을 퍼뜨려
땅속 깊은 곳 대지의 자궁에서
반전의 싹을 틔우고 있나니
오 자유여
봉기의 창 끝에서 빛나는 별이여

자 유 여

웬 사내 하나
육교 밑에서 군화에 밟히고 있다
안경은 저만치에서 박살이 나 있고
웬 엿장수 하나
겁먹은 얼굴로 가윗소리 요란스레 골목으로 사라진다

웬 사내 하나 여전히
육교 밑에서 군화에 밟히고 있다
가방은 책과 함께 저만치서 나뒹굴고
웬 거지 하나
육교 위 난간에서 코를 풀고 있다

무너져내린 콧날 터진 입술이여
웬 사내 하나
두 사내의 팔에 끼여 끌려가고
웬 남녀 한쌍 발걸음도 가볍게

가로수 밑을 걷다가
붉은 피 비에 젖어 바람에 뒤채이는
웬 종이 하나 무심코 보다가
사색이 되고 질겁을 하네
"자유여!" 이 말에

나는 살아 있다

저놈이 도둑이다
재벌 하나 손가락질하며 내가 소리치자
행인들은 나를 보고 미친놈이라 했지
간첩이 아닌가 빨갱이가 아닌가
의심부터 하기 시작했지
그래도 나는 사천만의 눈총을 피해 다녔지

저놈이 우리 원수다 통일의 훼방꾼이다!
양귀자(洋鬼者) 하나 손가락질하며 내가 고함치자
행인들은 나를 보고 덜된 놈이라 했지
한 10년 모자란 놈이라 했지
그리고 나는 역적으로 몰려 내 땅에 유폐되었지

10월 4일 나는 경찰의 습격을 받았다
 자결을 생각했으나 허사였지 수갑이 채워지고 내 사지에
 아니 내 몸은 내 몸이 아니었지

야수들의 동굴에 던져진 고깃덩이였지
이 새끼가 그 새끼야
이리의 발톱이 와서 내 면상을 할퀴었지
이 새끼 너 이북 몇번 갔다 왔어
원숭이 같기도 하고 사람 같기도 한 침팬지가
몽둥이 같은 주먹을 휘둘러 내 등을 쿵쿵 찍었지
이 새끼 독종이야 밀봉 교육 안 받고는 이럴 수가 없어
그리고 그들은 나를 남산 구 건물에 쑤셔넣었지
그리고 그들은 나를 효자동 신축 건물에 구겨넣었지
그리고 그들은 나를 서대문 외사에다 넘겨버렸지
그리고 그들은 나를 미팔군
그리고 그들은 나를 중부경찰서 유치장에다 집어넣고
그리고 그들은 나를 검사에게다 넘기고
그리고 그들은 나를 판사에게 넘기고
그리고 그들은 나를 감옥에다 쑤셔넣고
거기서 15년은 죽어라고 죽어야 한다고

침 묵

도살장으로 끌려가는
개처럼 또는 소처럼
쇠줄에 묶여 또는 트럭에 실려
우리는 끌려갔습니다 어딘가로

어딘가로
한낮의 도시의
무기력과 무표정으로 반죽이 된
흙탕물의 거리를 지나
남산 터널인가 방배동 언덕 너먼가
그 어둠속인가로

입을 열지 않는 자는
살해되었습니다 살해된 자는
입을 열지 않았습니다
그들의 침묵은 헛된 것이었을까요
헛된 것이었을까요

독거수

한 사흘 콩밥을 씹다 보면 깨우치리라
낫 놓고 기역자도 모르는 순 무식쟁이든
모르는 것 빼놓고 다 아시는 도사든
둘러보아 사방 네 벽 감방에서
갖고 놀 만한 것이라고는 네 자지말고 없다는 것을

역　사

나는 저 사람을 안다
수갑을 차고 삼등열차에 실려 어딘가로 이송되어 가는 저 사람을
어딘가에서 본 적이 있다 어딘가에서
그렇다 텔레비전에서였다 6년 전에
신민당사에서 YH 노동자들이 앉아버티기 싸움을 하고
부산에서 마산에서 민중들이 일어나고 김아무개가
박아무개를 암살하고…… 그때 그 와중에서
저 사람은 기자들의 질문 공세를 받고 있었던 것이다
담담하게 그러면서도 단호하게
——소위 남조선민족해방전선은 북에서 주장하는 공산혁명의 일환으로서 공산주의자들이 만든 집단이 아닌가?
——해방전선은 특정한 이데올로기를 신봉하는 사람들의 조직이 아니다 민족의 해방 국가의 독립 민중

의 자유를 사랑하고 제국주의의 신식민지정책과 그 하수인들을 증오하는 사람들이 만든 조직이다

──그러면 왜 '남조선'이란 말을 썼는가?

──'조선'은 우리 민족 고유의 이름이다 분단 이전에 있었던 이름이다 조국이 남과 북으로 갈라져 있는 상태에서 남쪽을 '남조선'이라 했을 뿐이다

──당신 모 재벌 집을 습격했다고 하는데 시민으로서 잘했다고 생각하는가?

──유치한 질문이다 내가 그곳에 간 것은 파렴치한으로가 아니다 해방전사로서 갔던 것이다 잘했고 못했고는 역사가 말할 것이다 역사는 도덕적인 순결을 여러가지로 해석한다 우리가 논개를 평가할 때 기생으로서 그의 직업을 문제삼고 있는가

나는 저 사람을 안다

용봉의 꿈

나는 안다 당신들의 꿈을
곤봉에 머리가 터지고 최루탄에 눈물 흘리며
폭정의 거리에서 투석전을 해본 적이 있는 나는 안다
밤으로 끌려가 시멘트 바닥에 무릎 꿇고(그렇다 나는 무릎을 꿇었다!)
사타구니에 고개 처박히고 개떡처럼 뺨을 얻어맞고 피 흘리고
속수무책으로 6년 동안 감옥에 갇혀 있으면서
사월이면 오월이면 모교 쪽에서 봄바람 꽃바람을 타고
향기처럼 실려오는 최루가스에 눈시울을 적시고 있는 나는
당신들의 꿈이 얼마나 아름다운가를 안다

민중의 고혈에 취해
미친 듯이 뿌려대는 재벌들의 지폐뭉치가 아니라
피 묻은 미제 총알이 아니라 그 원격 조종이 아니라

노동의 낫으로 상처투성이인 우리네 농부의 손으로
망치질로 홈집투성이인 우리네 노동자의 손으로
나라와 민족의 지도자를 뽑아야겠다는 꿈

아름답다 그 꿈은
옷고름을 적시고 내 발등에 떨어져 산화하는 눈물처럼
당신들의 투쟁은 아름다운 꽃이다

혁명의 길

시대의 절정에서
대지의 사상에 뿌리를 내리고
새벽을 여는 사람이 있다 어둠의 벽을 밀어
혁명하는 사람이 그 사람이다
굶주림이 낯익은 그의 형제이고
몸에 밴 북풍 한설이 그의 이불이다
그리고 얼굴 없는 그림자가 그의 길동무고

혁명의 길은
다정히 둘이 손 잡고 걷는 길이 아니다
박수 갈채로 요란한 도시의 잡답도 아니다
가시로 사납고 바위로 험한 벼랑의 길이 그 길이다
끝이 보이지 않는 도피와 투옥의 길이고
죽음으로써만이 끝장이 나는 긴긴 싸움이 혁명의 길
이다
그러나 사내라면 그것은 한번쯤 가볼 만한 길이다
전답이며 가솔이며 애인이며 자질구레한 가재 도구

며……
　거추장스러운 것 가볍게 털어버리고
　한번쯤 꼭 가야 할 길이다
　과연 그가 사내라면
　하늘의 태양 아래서
　이름 빛내며 살기란 쉬운 일이다
　어려운 것은
　지하로 흐르는 물이 되는 것이다 소리도 없이
　밤으로 떠도는 별이 되는 것이다 이름도 없이

역 시

역시 그런 사람들이었군
80년
5월투쟁에서
총을 메고 거리에 나선 사람들은
역시 그런 사람들이었군
80년
5월투쟁에서
나의 펜 나의 꿈이 가고자 했던 길을 갔던 사람들은
역시 그런 사람들이었군
80년
5월투쟁에서
영웅적으로 죽어갔던 사람들은

나하고는 나 같은 사람하고는
거리가 먼 사람들이었군
나로부터는 나 같은 사람으로부터는
배운 자로부터는 가진 자로부터는

값싼 동정밖에 받아본 적이 없었던 사람들이었군
다 앗기고 더 앗길 것이 없었던 사람들이었군
80년
5월투쟁에서
70년대의 나의 피 나의 칼이 가고자 했던 길을 갔던 사람들은

개 털 들

당나귀 귀 빼고 좆 빼고 나면
쥐뿔도 남을 것이 없지요 우리 개털들은 그렇지요
깡다구 하나 빼고 나면 쥐뿔도 남을 것이 없지요
자유다 뭐다 하며 학생들이 오월로 들고일어나니까
인권이다 뭐다 하며 양심세력들이 따라 나서니까
덩달아 우리도 쓸려들어가게 되었지요
타도하자 독재정권!
누가 선창을 하니까 우리도 따라 외쳤지요 타도하자 독재정권!
노동삼권 보장하라!
누가 앞장서서 소리치니까 우리도 따라 고래고래 소리쳤지요 노동삼권 보장하라!
이 땅이 뉘 땅인데 오도 가도 못하냐!
누가 또 피맺힌 절규를 하니까 우리도 따라 목청 돋궈 핏대를 올렸지요
배고픈 다리를 지나 돌고개를 넘어 우리는
전진하는 대열을 따랐지요

유동 사거리에서 경찰들과 투석전을 하다가
쭉 뻗은 금남로로 진입해 들어갔지요 이때
어디선가 귀를 찢는 총성이 났지요
앞을 보니 저만큼에 바리케이드가 쳐져 있고 그 너머로
일단의 군발이들이 이쪽을 향해 시커먼 총구를 들이대고 있었지요
봉기한 시민의 전진이 주춤했지요
대열이 흐트러지기 시작하더니…… 우리는 보았지요
샛길로 빠지는 사람들 뒤로 처지는 사람들 옆길로 새는 사람들……
그들은 앞길이 훤한 대학생들이었지요
그들은 집에 가면 진수성찬에다 토끼 같은 새끼들이 기다리는 변호사들이었지요
그들은 제자리걸음만 해도 먹고 살 것이 걱정 없는 교수와 목사들이었지요
그러나 우리는 나아갔지요 앞으로

우리 개털들은 앞으로 나아가야 그런 것들이 생기니까요

　뜨뜻한 방, 여우 같은 마누라, 고봉으로 올린 쌀밥 그런 것들이 말입니다

안   팎

안이고 밖이고 우리나라
깡패들 세상이구나
밖에 있을 때는 군사 깡패가 판을 치더니
안에 들어와보니 주먹 깡패가 판을 치누나

밤의 도시

너무나 많은 것들이
너무나 많은 것들을 만들어놓고
잠시도 가만있지를 못하는 곳
잠시도 가만두지를 못하는 곳
엇갈리고 치달리고 부딪쳐 자빠지며
앞서거니 뒤서거니 밀거나 밀리거나
전후좌우 살필 겨를이 없는 곳
무너져내리는 것이 있는가 하면
쌓아올려지는 것이 있고
북북 긁어 떼는가 하면 금방 다시 발라대고
아닌 밤중에 불쑥 내는 몽둥이 법령인가 하면
자고 나면 가득한 감옥이고
매연과 소음 썩어문드러진 사람냄새로 땀내로
땅으로는 한포기 풀조차 돋아나지 못하는 곳
하늘로는 별 하나 곱게 돋아나지 않는 곳
둘러보아 사방 보이는 것은
무관심과 무기력 굴욕처럼 흐르는 침묵이 있을 뿐

일체의 인간적 위대함이
일체의 영웅적 행위가
술꾼들의 입가심이 되어 희화적 만담으로 끝나는 곳

도시여 인간의 도시여 나는 생각한다
그대 곁을 걸으면서 그대 속을 생각한다
흙탕물이 넘실거리는 그대 탐욕과 허영의 시장을 걸으면서
권모와 술수 이권과 정실
쉴새없이 돌고 도는 미궁——음모의 소굴
그래 관가를 정가를 걸으면서 나는 생각한다
모든 것이 화폐가치로 변해버린
정액으로 끈끈한 매음의 거리를 걸으면서 나는 생각한다

도대체 돈뭉치 앞에서 꿇지 않는 무릎이 있었던가
도대체 돈뭉치 앞에서 굽히지 않는 허리가 있었던가

도대체 돈뭉치 앞에서 걷어올리지 않는 치마가 있었
던가

돈 앞에서

돈 앞에서
흘리지 않는 웃음 없고
걷어올리지 않는 치마 없지요
우리나라 좋은 나라지요

돈 앞에서
굽히지 않는 허리 없고
꿇지 않는 무릎 없지요
우리나라 좋은 나라지요

돈이면 다지요 자본주의 사회에서는
시장에서는 섹스도 인격도 사고 팔지요

요 즈 음

들리는 바로는 요즈음
얼굴 밴밴하고 다리 미끈한 여자는
거개가 서비스업으로 몰린다지
좀 삼삼하다 싶은 여자에게 물으면
너 이담에 무엇이 되고 싶냐고 물을라치면
모델이 되고파요 스튜어디스가 됐으면 해요 탤런트가 될 거예요
이런 대답이 십중팔구라지
자본주의 사회에서는 모든 게 상품이지 섹스도 상품이지
웃음 팔고 몸 팔아 먹고 있는 게 아냐
허벅지와 유방이 쾌락의 도구로 팔리고
밤이면 그것을 팔아 여자들이 입고 먹고 사는 거지
요즈음 술집에는 홀랑 벗고 팔지 않으면 손님이 오지 않는다지
이발소에서는 한낮에도 여자가 그것을 팔아 돈을 번다지

나라에서는 관광자원의 활성화를 위해
유흥업소의 근대화와 전 여성의 창녀화를 불사하겠
다지

돈만 있으면

술 마시고 노래하고 춤추고
이렇게 좋은데 돈만 있으면
처녀고 유부녀고 아무나 골라잡아 호텔로 데리고 가고
이렇게 좋은데 돈만 있으면
목욕탕에 팔자로 누워 안마를 시키고
감질나게 미치게 좋은데 돈만 있으면
눕혀놓고 뒤집어놓고 침대에서
짐승이 됐다 사람이 됐다 해괴망측한 짓을 다 하고
미치고 환장하게 좋은데 돈만 있으면
이렇게 좋은데 천하없이 좋은 나한테
뭐라고! 미군 물러가라고!
미군 물러가면 38선은 어떡하고!
거기서는 돈이 맥을 못 추고 니기미
여자도 사고 팔 수 없다던데
무슨 재미로 살아! 무슨 낙으로 살아!
저 가난뱅이들처럼 좆빠지게 쎄빠지게 일만 하고 살

란 말여!

  늙어 죽도록 마누라 하나로 만족하고 살란 말여!

왕 중 왕

도끼를 휘두를 줄 안다고 다 폭군인가
거 아무개는 폭군도 못 돼
표트르 대제 정도는 되어야 폭군의 이름에 값하지
나라 살림 이롭게 하기 위해 그는 귀족의 영지를 몰수했거든

집권 기간이 길다 해서 다 독재잔가
거 아무개는 독재자도 못 돼
레닌 정도는 되어야 독재에 값하는 이름이지
토지 없는 빈농을 위해 그는 지주들을 싹 쓸어버렸거든
그 큰 러시아 땅덩어리에서

거 아무개는 말야 군사 깡패 정도가 제격이지
그것도 두목은 아니고 똘마니지
두목은 카우보이 나라 월가에 있거든
김대중씨가 사형받던 바로 다음날이던가

월가의 왕중왕 록펠러가 와서 김포공항쯤에 내려서
거 아무개 좀 보자고 했다지 바로 그 다음날
김대중씨는 죽임에서 되살아나고

Welcome U. S. Marines

그날 나는 우연히 포항에 있었다
밀어닥친 한파처럼 미군이 상륙하자
이상한 일이었다! 갑자기
활기에 차 있던 항구의 거리가 입을 다물고
고깃배들은 약속이나 한 듯 하나같이
저 건너 방파제 뒤로 숨어버렸다

거리란 거리는 강아지 한마리 얼씬거리지 않았다

집이란 집은 죄다 문을 잠가버렸다

텅 빈 거리를 가로질러 건물과 건물 사이에는
현수막이 거대한 성조기와 함께 걸려 있었다
Welcome U. S. Marines 이렇게 씌어 있었다 거기에는
그 밑을 텅 빈 거리를 무인지경을 가듯
흰둥이와 깜둥이들이 지나갔다 보무도 당당하게

그들은 꽁무니로 수류탄을 흔들어대고 입으로는 껌을 짝짝 씹었다
그들은 바닥에 가래침을 뱉어놓고 빛나는 군화로 문질러버렸다
그들은 어쩌다 여자를 발견하면 휘파람을 불어제꼈다
골목에서 처녀 하나가 나오다가 그들과 마주치자마자 혼비백산했다
그러자 검둥이 하나가 허연 이빨을 드러내놓고 발을 구르며 깔깔댔다

어쩌다 길가에서 원주민 남자를 만나면 붙잡고
다짜고짜로 그들이 묻는 첫마디는 술집이었다
영어를 몰랐기에 그는 당연히 무시되었다
어쩌다 한길에서 여자와 마주치기라도 하면
무작정 덮쳐놓고 보는 것이었다 날짐승이 병아리 덮치듯
그들이 식민지에 와서

밤이고 낮이고 찾는 것은
눈을 부릅뜨고 기를 쓰고 찾는 것은
술집이고 여자였다
그들은 오직 술집을 찾기 위해서 버스를 탈취했고
그들은 오직 여자를 찾기 위해 눈이 뻘개져 있었다

그런 그들을 아무도 어떻게 해볼 수 없었다
나라도 법도 어떻게 해볼 수 없었다
다만 할 수 있는 것은 방파제 뒤로 숨거나
문을 안으로 잠그고 혼비백산하는 일뿐이었다

Welcome U. S. Marines 이렇게 써놓고
성조기를 흔들어도 소용없는 일이었다

제 3 부

새가 되어
여 자
하염없이 하염없이
별
님
자주댕기는 봄바람에 나부끼고
제발 좀 솔직하자
狂 犬
비 애
당나귀 좆 빼고 귀 빼고 나면
마의 산
음 모
마을 길도 넓혀졌다는데
새마을
친절에 대하여
달구지에 실려 어디론가 끌려가는…
그 집을 생각하면
도로아미타불
다 끝내고
유 서
시집 『鎭魂歌』를 읽고
연 극
앉은뱅이 뒷북이나
笑劇三場

새가 되어

이 가을에
하늘을 보면 기러기 구천을 날고
진눈깨비 내릴 것 같은 이 가을에
잎도 지고 달도 지고
다리 위에는 가등도 꺼진
이 가을에
내가 되고 싶은 것은
오직 되고 싶은 것은
새다

새가 되어
날개가 되어 사랑이 되어
불 꺼진 그대 창가에서 부서지고 싶다
내가 걸어온 길
내가 걸어갈 길
내 모든 것을 말하고
그대 전부를 껴안고 싶다

여　자

여자
역시 여자
어쩔 수 없이 여자일 수밖에 없는 여자
그러나 여자가 과연 여자일 때는
백치가 되어
전사의 피를 닦아주는 하얀 손수건일 때
천치가 되어
노동의 땀을 씻어주는 푸른 손수건일 때

하염없이 하염없이

더위에 불타는
한낮의 뜨락
느닷없이 퍼붓듯 소낙비가 내린다
누워 있던 소복의 여인 불현듯 일어나
활짝 장지문을 열어제끼고
창대처럼 꽂히는 빗줄기를 바라본다
하염없이 하염없이

여인은 돌아서 거울 앞에 앉는다
싱싱한 파초잎에 주룩주룩 쏟아지는 거울 속의 빗줄기를 보며
여인은 머리를 빗기 시작한다
거울 속의 소낙비는 여인의 타는 입술을 적시고
한동안 고뇌의 무덤 유방 사이에서 머물렀다가
타고 내려 하얀 배를 쓰다듬고
새벽의 골짜기를 흘러 골짜기를 흘러
발등을 적실 때까지 여인은

거울 앞에서 빗질을 한다
하염없이 하염없이

별

밤 들어 세상은
온통 고요한데
그리워 못 잊어 홀로 잠 못 이뤄
불 밝혀 지새우는 것이 있다
사람들은 그것을 별이라 그런다
기약이라 소망이라 그런다
밤 깊어
가장 괴로울 때면
사람들은 저마다 별이 되어
어머니 어머니라 부른다

님

「떠나가는 배」에 곡을 붙여

저 거친 세상 헤치며
험한 쌈터로 떠나는 님

내 언제까지 기다리리
님 부른 조국은 거룩하니

날 잊지 말고 싸워 잘 싸워서
기어이 이기고 돌아와요

자주댕기는 봄바람에 나부끼고

내 가슴은 뛰더라
동해바다 거센 파도에
명태잡이 그물을 던지다가 잡혀가 북에
한 일년 여기저기 구경 한번 잘하다가
남에 와 십년 징역으로 옥살이하고 있는
어느 가난한 어부의 이야기를 듣고
내 가슴은 뛰더라 초야에
신부의 옷고름을 풀 때의 신랑처럼

여그 가시냐년들은
까발치고 되바라지고 싹수없기가
자갈치시장 뒷골목의 개망나니 뺨치긴데 그그 처녀들은
순박하기가 하얀 박꽃 같고
순진하기가 대처에 처음 나온 촌색시 같더라
여그 가시냐년들은
우리 것은 속것까지 벗어버리고

논노다 판탈롱에 고고춤 디스코 바람인데 거그 처녀들은
 다홍치마 색동저고리에 부끄럼 빛내는 새악시 볼이더라
 자주댕기는 봄바람에 나부끼는 강변의 버들이고
 몽금포타령에 맞춰 추는 군무는
 참말이제 참말이제 장관이더라는
 거짓말 같은 어느 가난한 어부의 얘기를 듣고
 내 가슴은 뛰더라 초야에
 신부의 옷고름을 풀 때의 신랑처럼

제발 좀 솔직하자

그놈이 그놈이고 그놈이 그놈이라고 한다
어떤 놈이 되어도 마찬가지일 것이라 한다
이가가 박가이고 박가가 이가이고 하나같이
미국놈 좆대강이나 빨다 제 갈 곳 갔다 한다
전가도 잘못 빨다가는 미제 군화발에 채어 골로 갈 것이라 한다
줄줄이 사탕으로 아닌 밤중에 홍두깨로
또 다른 무슨 굉장한 성씨가 나와
새 시대 새 인물로 깝죽거릴 터이지만
그놈이 그놈이고 그놈이 그놈일 것이라 한다
제 나라 논밭에 뿌리를 내리지 않는 한은
제 백성 숨결 속에서 살아 숨쉬지 않는 한은

그렇다 반도 이남은
40년 묵은 마구간 남의 나라 땅이다
이국 병사의 발 아래 밟혀 썩어문드러진 지푸라기가 이 땅의 몸뚱이다

똥파리, 진드기, 거머리, 쥐새끼에 쥐며느리, 모기, 빈대, 벼룩……

온갖 물것에 피범벅이 된 아수라장이 이 땅의 잠자리다

오욕으로 질컥이는 시궁창이 이 땅의 강이다

한번도 쳐낸 적이 없는 40년 묵은 마구간

쓸어버려야 한다 동해바다 거친 파도를 끌어들여

가능하면 남으로 청진강 푸른 물을 끌어내려서라도

그러나 누구랴 이 물을 끌어올 사람은

땅을 파 수로를 내고 물길을 잡아줄 사람은

마법의 혀로 청중을 사로잡는다는 웅변가의 혀끝이랴

사기와 협잡으로 제 배때기를 채우는 데 영일이 없는 정상배들의 쑥덕공론이랴

심심하면 벌려놓는 부자들의 굿거리장단이랴

아니다 아니다 천부당만부당 아니다

이 땅의 주인 농부의 곡괭이고 쇠스랑이다
땅을 파 수로를 내고 물길을 잡아줄 사람은
바위를 만난 광부의 다이너마이트이고
나른한 오후 골짜기를 깨치는 노동의 망치 소리이고

狂　犬

그것이
살기인지 독기인지 또는 미친개의 광기인지는 모를 일이고
내 또한 알 바 아니로되 이 땅에서
한낮에 눈에 불을 켜고 쏘다니는 자들은
군인들뿐이다
그것이
허세인지 텃세인지 또는 권세를 등에 진 위세인지는 모를 일이고
내 또한 알 바 아니로되 이 땅에서
대도를 활보할 수 있는 자들은
발에 군화를 끼고 무릎까지 끼고
허리에는 곤봉 어깨에는 총을 멘 군경들뿐이다
나는 언제부턴가 그들만 보면 주눅이 들고 만다
파출소 같은 데를 지나가면 괜히 누가
잡아 끌어당기지는 않을까 목덜미가 간질간질하고
골목으로 꺾어들기가 무섭게 내 발에는 발동이 걸리

는데
　무서움 때문일까 그들에 대한 나의 도피 행각은
　그들의 표정이 무장한 그들의 복장이 나로 하여금
　고문의 상처를 감옥의 비인간성을 죽음 직전의 무감각을
　악몽처럼 되살아나게 하는 것일까 아니면
　총과 칼이 떠받치고 있는 어떤 세계에 대한
　나의 반역심에서 오는 것은 아닐까 어젯밤
　부잣집만 털고 다니다가 덜미가 잡힌 어떤 강도 선생도
　빵 한 조각에 소년 형무소로 넘어간 좀도둑의 심리도
　나와 같은 것은 아닐까 가진 자들에 대한
　무심한 반항에서 오는 무서움은 아닐까

　공수병에 걸려 대도를 쏘다니며 활보하는 미친개를 보고도

태평천하인 사람은 필시
미친개의 주인이거나 그 노예는 아닐까

비 애

상아의 탑은 안개에 갇혀 있고
우리는 서성였네 최루탄 터지는 눈물 속을
요소요소에 총알로 박혀 되쏘아보는 눈초리로 번득이고
우리는 빠져나갔네 살풍경한 교정을
여기서 저기까지 진리로 가는 길에는
온통 쇠그물망 차의 우주인뿐이고
우리는 돌고 돌았네
얼어붙은 분수대를 돌아
맙소사 당돌하게도 우리는 부닥쳤네
ㄱ자로 꺾어지는 골목에서
가로등 창백한 골목에서
중년의 웬 사내와 부닥쳤네
아니 교수님 왜 여기 계십니까
몰라서 묻는가 나다니지 말고 어서들 집에 가게나

아니 교수님은 우리 가는 길을 못 가게 하는 겁니까

몰라서 묻는가 제발 내 입장도 좀 생각해주게나
아니 당신이 형사요 가라 마라 하게
야, 말을 바로 해라 이분이 형사냐 형사 똘마니지!

—— 이전에 독일 교수들은 호헨쫄레른가의 정신적 친위대였다. 그런데 지금 그들은 히틀러 나찌즘의 정신적 친위대가 되어버렸다. (루카치 『이성의 파괴』에서)

당나귀 좆 빼고 귀 빼고 나면

이곳 감옥에는
교회사라는 관리들이 있지요
자유민주주의를 사랑하고 공산주의를 미워하라는 사람들이지요
그들의 하루 종일 일은
아니 일년 삼백예순날의 일은
남의 편지 뜯어 구석구석 살피는 것이지요
혹시나 거기에 자유라는 유령이 숨어 있지 않나 해서
담 밖에서 차입한 책을 샅샅이 뒤지는 일이지요
민주, 민중, 민족 어쩌고저쩌고 하는 말이 있으면
귀신처럼 찾아내어 붉은 줄을 그어 지워버리거나
찢어 꼬기작거려 쓰레기통에 폐기처분하는 것이지요

일주일 전에 집에서
소포로 책 열 권 보낸다며 아우한테서 편지가 왔지요
오늘 내 손에 들어온 것은 한 권뿐이었지요

나머지는 불허 불허 불허……라는 것이지요

　나는 달려갔지요 수개의 철문을 통과하여 교회사실로

　—— 이제 소설까지 못 읽게 하깁니까.

　—— 보세요 제목을, 『피와 꽃』이 무엇이지요? 남주씨는 시인이니까 더 잘 아시겠지만 여기서 '피'는 폭력을 상징하는 것이 아니겠어요?

　—— 여태까지 시집이 불허된 적은 없었는데 이건 왜 불허된 것이죠?

　—— 말이 시집이지 이건 시를 빙자해서 노동자를 의식화하고 있어요. 그리고 엊그저께 상부에서 지시가 내려왔는데 노동운동에 관한 책은 일체 불허시키라고 했어요.

　—— 이것은요?

　—— 그것은 법무부에서 내려온 불허도서 목록에 있어요.

　—— 이것은요? 스페인어로 씌어진 책인데 내용을

알고서 불허시켰어요?

—— 보나마나 뻔하죠 복사까지 해서 넣었으면. 저자가 네루단가 본데 어디서 들은 적이 있는 것 같아요. 그 사람 나쁜 사람이지요? 남민전 사람들은 왜 그런 책만 보려고 하죠 좋은 책도 많이 있는데?

—— 당나귀 좆 빼고 귀 빼고 나면 뭐가 남지요?

마의 산

이제 아무도
산을 오르려 하지 않는다
소위 군인이란 것들이 죄다 점령하고 있으니까

그래 사람들은 이제 저만큼 아래에서
불평객이 되어 돼지처럼 툴툴대거나
치켜든 손으로 삿대질을 하면서
야이 새끼야 그만 내려와야 욕을 해댄다
바다 건너 아메리카 쪽에다 가래침을 뱉으며
니기미 자손 대대로 흰둥이 코쟁이 좆대강이나 빨아라 야유를 놓기도 한다
기껏해서 목청 돋궈 핏대나 세우는 성토 대회고
주격이며 낙지대가리며 화상을 그려놓고 불을 지르는 것이 고작이다

그러나 오르는 사람도 있다 없지 않아 있다
무릎이 까지고 군화발에 채어 턱이 떨어져나가면서

도 그들은

　오르고 또 오른다 개미떼처럼 오른다

　벼랑에 목숨의 밧줄을 걸고 오르는 사람도 있다

　벌집으로 가슴팍에 총알을 받으면서 오르는 사람도 있다

　삽이며 괭이며 어깨에 메고 농부의 낫과 함께 오르는 사람도 있다

　강 건너 공장에서 불에 달군 쇠뭉치를 치는 노동자의 망치 소리와 함께

　골짜기에서 터지는 광부의 다이너마이트와 함께 오르는 사람도 있다

　이름 없는 사람들 내노라고

　얼굴을 내밀 건덕지가 없는 사람들 안에 든 것이 없어

　끄적거려 펜으로, 조잘거려 입부리로 제 배를 가득 채워보지 못한 사람들

오늘 하루 일 못 나가면 일터에서 쫓겨나고
 다음날부터는 삼시 세때가 걱정인 사람들
 이들이 물불 가리지 않고 산을 기어오름은
 정상이라는 자리를 차지하기 위해서가 아니리라
 일 않고 배부른 위엣것들처럼 떵떵거리며 살고 싶어서가 아니리라
 토지 없는 농부에게 산을 일구어 밭뙈기라도 나눠주기 위함이리라
 겨울의 광부에게는 불을 주고
 쉬는 날을 그리워하는 노동자들에게는 바위산을 깎아내려 그늘을 만들어주기 위함이리라
 여차하면 아예 통째로 산을 무너뜨려
 울뚝불뚝 솟은 데를 깎아내려 골짜기를 메우고
 평지를 이루고자 함일지도 모르리라 층하 없이

음 모

　아무도 안 보는 데서
　니것 내것 없이 섹스와 재산을 공유하기로 계약한 마누라도 없는 데서
　맘놓고 안심하고 시를 쓸 수는 없을까
　시를 쓰면서 검열관이나 출판사의 여직원을 떠올리지 않고
　미래의 복권 사후의 명성까지도 운산하지 않고
　무심하게 무심하게 시를 쓸 수는 없을까
　요즘 나는 밤으로 시를 쓰다가 간수나 밀정처럼
　누가 내 속을 엿보고 있지는 않나 해서
　두리번두리번 앞뒤를 둘러보는 버릇이 생겼다 가령
　자유라든가 해방이라든가 그 염병할 그 저주받을 이름을 부르다가
　농민이라든가 노동자라든가 그 흔해빠진 것들을 노래하다가
　시험 치는 아이가 커닝을 하려고 선생님의 눈치를 살피듯이

어둠속을 살피게 되는데 그러면 영락없이
문 밖에 뭔가 부스럭거리는 소리가 나고
바삐 옮겨지는 발자국 소리가 나고
그 발자국을 뒤쫓는 또 다른 발자국 소리가 나고
바람을 가르는 채찍 소리가 나고 비명 소리가 나
고…… 그러면
순식간에 나는 종이를 말아 목구멍에 쑤셔넣고
침 발라 꿀꺽 삼켜버리는 것이다 그것이
아랫배에 착 가라앉는 것을 알고서야 나는 겨우
안심이다 섹스와 재산의 공유로부터

마을 길도 넓혀졌다는데

왜 헌 마을 농부들은
새마을에 살기를 싫어하는지
몰라보게 좋아졌다는데
마을 길도 넓어져 도시 택시 굴러다니기에 좋고
푸른 기와 노란 기와 붉은 기와 하얀 기와
울긋불긋 그림책처럼 아름다워 좋고
전기 밥솥에 전기 다리미 세탁기에 냉장고
골방 가득 없는 것이 없는지라
손 안 대고 밥 먹고 빨래하고 코 풀고
살기 편해서 좋아졌다는데
무슨 일로 헌 마을 농부들은 알거지 쑥굴헝 빠져나가듯
밤으로 낮으로 새마을을 빠져나가는지
문전옥답 빼앗기던 시대 일제 때도 아닌데
기지촌에 땅 뺏기고 계집 뺏기던 8·15 직후도 아닌데
어쩌라고 가시내들은 기를 쓰고 마을을 빠져나가

는지
　어쩌라고 머스매들은 기를 쓰고 막차를 타는지
　주인이 되어 제 논 갈아 제 밥 먹기보다는
　어쩌라고 그들은 다투어 도시의 종이 되어가는가
　어쩌라고 그들은 다투어 부잣집 식모가 되어 떠나고
　술집 작부가 되어 세상을 떠도는가
　모를 일이다 나는
　정부 고관이 아닌 바에야
　모를 일이다 나는
　새마을 지도자가 아닌 바에야
　모를 일이다 나는
　사기꾼 정상배가 아닌 바에야

새 마 을

옴박지만한 호박 하나 보듬고
우리네 어매 아배 그렇게 모질 수가 없었지
그 어매 새끼들 근대화에 바람나
달덩이 같은 송아지를 받고도 그것이 돈으로 안될성부르면
어미소로 키워 논밭에 이랑을 내려 하지 않는다지
복동이는 깨구락지 뒷다리를 잘라 재산을 모았다지
정부에서는 새마을 소득증대 장려상까지 주었다지

친절에 대하여

처음 내가
서울 구경을 한 것은
고등학교를 졸업하고 재수할 때다
아는 사람이라고는 사돈네 팔촌도 없는 나에게
'따뜻한 방 있어요'
친절하게 말을 건네주고는
'참한 아가씨 있어요'
앞장일랑 서서는 길까지 안내해준 사람은
서울역 뒷골목의 아줌마였다

그동안 나는 10년을 서울에서 부대꼈다
살냄새 땀냄새 입냄새 사람냄새에 끼여
그동안 나는 수많은 사람들로부터 친절을 받았다
하나같이 그들은 제 속에 잇속을 갖고 있었다
잇속 없이 나를
밀어주고 이끌어주고 감싸준 사람이
딱 한 사람 있었는데
그는 지금 감옥에 있다

달구지에 실려 어디론가
끌려가는 볏섬과 함께

가을이 끝난 들판에
그는 서 있다 쓰러진 허수아비
그루터기만 남은 논바닥을 바라보며
한 해의 노동이 준 허망을 생각하며
고랑째 이랑을 돋우고
땀 흘려 일하는 사람이
밭의 주인이 되어서는 아니 되는가
뜨는 해 지는 달과 함께

소 몰아 쟁기질하는 사람이
논의 주인이 되어서는 아니 되는가
골짜기를 적시는 눈 녹아 바람에
봄의 싹을 틔우고
허벅지까지 들어간 수렁논에서
꺾어진 허리로 모를 심고
가뭄과 홍수 속에서
나락을 건져내는 사람이

가을의 주인이 되어서는 아니 되는가

탈곡을 끝낸 마당에
그는 서 있다
바람에 날리는 쭉정이를 바라보며
어디론가 실려가는 나락섬을 보며

그 집을 생각하면

이 고개는
솔밭 사이사이를 꼬불꼬불 기어오르는 이 고개는
어머니가 아버지한테
욱신욱신 삭신이 아리도록 얻어맞고
친정집이 그리워 오르고는 했던 고개다
바람꽃에 눈물 찍으며 넘고는 했던 고개다
어린 시절에 나는 아버지 심부름으로
어머니를 데리러 이 고개를 넘고는 했다
고개 넘으면 이 고개
가로질러 들판 저 밑으로 개여울이 흐르고
이끼와 물살로 찰랑찰랑한 징검다리를 뛰어
물방앗간 뒷길을 돌아 바람 센 언덕 하나를 넘으면
팽나무와 대숲으로 울울한 외갓집이 있다
까닭없이 나는 어린 시절에
이 집 대문턱을 넘기가 무서웠다
터무니없이 넓은 이 집 마당이 못마땅했고
농사꾼 같지 않은 허여멀쑥한 이 집 사람들이 꺼려

졌다
　심지어 나는 우리 집에는 없는 디딜방아가 싫었고
　어머니와 함께 집으로 돌아갈 때
　외할머니가 들려주는 이런저런 당부 말씀이 역겨웠다
　나는 한번도 들여다보지 않았다
　아버지가 총각 머슴으로 거처했다는 이 집의 행랑
방을

도로아미타불

쓰잘 데 없음
돌로 깎아 내 아우가 세운 자유의 입상도
식은땀 빈속에다 밤 새워 채우는 내 친구의 평등의 시도
북을 향해 앉아 드리는 내 아버지의 아우의
그러니까 내 작은어머니의 다소곳한 통일에의 기원도
쓰잘 데 없음

다 쓰잘 데 없음
내 아내의 서푼짜리 부푼 꿈도
자본가 주머니 속의 귀찮은 잔돈 같은 것
19일 단식의 내장으로 울부짖는 내 조카놈의 노동삼권도
가을을 바라보며 봄의 언덕에
제 보습 한번 대고 죽고 싶다던 내 이웃
골아실댁 할아버지의 한치 땅의 소망도

다 쓰잘 데 없음

이 모든 것의 다 쓰잘 데 없음이여
일어남이 없이는
학교를 교회당의 십자가를 뒤로 하고
일어남이 없이는
집을 아내를 내 자신마저 뒤로 하고
곰보 애꾸 애 못 낳는 여자, 요강 망건 장죽
이 모든 것의 벌떼같이 일어나는 일어남이 없이는
자유도 평등도 통일도 꿈도 토지와 노동의 꿈도
다 쓰잘 데 없음이여
이 모든 것의 쓰잘 데 없음이여

굴욕 속에서 패배 속에서
한신의 고사를 생각하지 않는 바는 아니지만
레닌의 지혜를 떠올리지 않는 바는 아니지만
그래도 남은 것이 있었으니

끝까지 남아서 찌꺼기처럼 남아서
나를 괴롭히는 것이 있었으니
아, 내 자신에 대한 미움이여

다 끝내고

다 끝내고
비좁아 답답하고
어두워 외로운
이 징역살이도 다 끝내고
다시 잡아보는 펜이여
다시 거머쥐는 칼이여
원수도 증오도 다 끝내고
사랑도 혁명도 혁명의 방어도
다 끝내고

유 서

아우야 형의 말을 듣거라
부자들과 싸움에서 나는 지고 감옥에서 네게 이른다
행여 부자 될 마음일랑 먹지 말거라
죽으면 죽었지 가난으로 찢어져 굶어죽었지
부자됨의 죄악 그 얼마나 크냐
하늘이 무섭다 일소의 피를 빠는
쟁기질하는 농부의 허벅지를 빠는
진드기 같은 거머리 같은 흡혈귀의 독한 마음 없이는
남의 땅 훔치는 도둑놈의 심보 하나 더 없이는
이룰 수 없는 것이 재산이다

아우야 형의 말을 듣거라 내 말에는 뼈가 있다 혼이 있다
재산으로 사람이 사람을 부려먹는 일 그게 차마 사람의 일이냐
술값을 계산하듯 돈으로 여자를 사고 밤으로

사람이 사람을 쾌락의 도구로 삼는 일 그게 차마 사람의 짓이냐

기계와 짐승을 부려먹듯이 재산을 만드는 수단으로 사람이 사람을 부려먹는 일

차마 그게 사람의 일이냐 인간의 짓이냐

죽더라도 아우야 맞아 죽더라도 군화 같은 것 신지 말거라

죽더라도 아우야 맞아 죽더라도 곤봉 같은 것 차지 말거라

위에서 시키니까 처자식과 먹고 살자니까 하지

누가 이짓 하고 싶어서 한답니까 듣기 거북한 소리 잘도 하더라만

차고 밟고 패고 주리 틀 때는 사람이 아니더라 짐승이더라

높은 벼슬 하여 제 잘먹고 제 잘사는 거야 누가 상관할까마는

죄 없는 사람 감옥으로 몰아넣고 제 배때기 채우는

판검사는 되지 말거라 결코
부자들에게 고용된 억압의 도구일랑 되지 말거라

시집 『鎭魂歌』를 읽고

나는 싸웠습니다 잘 싸웠거나 못 싸웠거나

한 십년 싸움에 나는 불만이 많습니다 싸움이 미지근했기 때문입니다

뜨겁지도 않고 차갑지도 않고

이 미지근한 싸움에 나는 죽고 싶을 정도로 부끄럽습니다

서투른 싸움은 그래도 용서받을 것입니다 역사로부터

그러나 최선을 다하지 않은 싸움 그것은 유죄입니다 역사 앞에서

나는 유죄입니다 적어도 이제까지의 나는

피와 살과 뼈와 근육으로 이루어진 인간 그 본질인 노동

그 노동으로 피가 맑아지고 살이 아름다워지고 뼈가 튼튼해지고 근육이 팽팽해져

굳세고 다부지고 건강하고 아름다워지는 인간, 바로

그 인간의 노동의 성과가
　노동하지 않는 비인간들(인간이 아닐진대 그것은 짐승이고 버러지고 기생충일 터)에
　약탈당하고 빨리고 털리는 그런 사회에서
　그리하여 사람과 사람의 관계가
　누르는 자와 눌리는 자, 착취하는 자와 착취당하는 자의 관계로 이루어진
　그리하여 사람과 사람과의 관계가 주인과 종으로 만나지는 그런 사회에서
　싸움말고 내가 할 수 있는 것이라고는 없었습니다
　적어도 나는 그렇게 생각하며 살아왔습니다

　노동의 적, 짐승이고 버러지이고 기생충인 인간의 적은 죽어야 합니다
　짐승이라면 그는 창으로 찔려 죽어야 제격입니다
　버러지라면 그는 말발굽에 밟혀 죽어야 제격입니다
　기생충이라면 그는 독약으로 독살되어야 제격입니다

그들이 사람의 형상을 했다 해서 딴생각을 가져서는
아니 됩니다
적과의 싸움에서 감상은 죄악입니다

나의 시는 내가 싸운 싸움의 부산물 외 아무것도 아
닙니다
내가 한 싸움이 내 맘에 들지 않는 것과 마찬가지로
내가 쓴 시가 내 맘에 들지 않습니다
하물며 독자의 마음에야! 부끄럽고 부끄럽습니다

연 극

만나는 사람마다 입을 모아
민주화가 잘 되어간다고 그러네
어떻게 잘 되어가느냐고
구체적으로 좀 말해달라고 그러면
하나같이 입을 열어 대답해주네

청와대도 개방하고——
각하란 호칭도 없애고——
장관 임명장도 서면만으로 하고——
국무회의 같은 것도 원탁에서 하고——

만나는 사람마다 입을 모아
공산권에도 자유의 물결이 일고 있다고 그러네
어떻게 일고 있냐고
구체적으로 좀 말해달라고 그러면
하나같이 입을 열어 대답해주네

디스코장도 생기고 ——
청바지를 입고 청춘남녀가 연애도 하고 ——
여성들은 허벅지까지 드러난 패션쇼도 하고 ——
사기업도 생기고 시장경제도 도입하고 ——

벗이여 닫힌 사회의 대중은 열린 사회의 대중을 모른다네
그들이 알고 있는 민주주의는 지배자들이 연출하는 텔레비전 속의 연극뿐이라네
그들이 알고 있는 자유는 지배계급의 이데올로그들이 각색한 연극 대본뿐이라네

앉은뱅이 뒷북이나

어제까지만 해도
오늘 아침까지만 해도
새 시대의 새 인물 전가 형제를 위해
손바닥이 벗겨지고 낯가죽이 뜨겁도록 박수치더니
좋아졌네 좋아졌네 몰라보게 좋아졌네
목이 쉬도록 불러주더니
전 마을적으로 전 직장적으로 전 국민적으로
새마을노래 열창해주더니
어제까지만 해도
오늘 아침까지만 해도

새 시대의 새 인물 전가 형제를 향해
피시 방귀도 못 뀌게 하더니
혹시나 그 방귀 새어나올까봐
전 경찰을 동원하여 전 검사를 동원하여
전 판사를 동원하여 전 감옥을 동원하여
안보적 차원에서 원천봉쇄하더니

이제 와서 게거품이구나
죽일 놈 살릴 놈이구나
먹을 것 다 처먹고 챙길 것 다 챙기고
빼돌릴 것 다 빼돌리고 에헴 하고 시침떼고 앉았는데
이제 와서 저놈 잡아라구나

지치지도 않는구나 이 나라 백성들
산적들은 해적들은 산 넘고 바다 건너는데
이제 와서 저놈 잡아라 고래고래 소리치며
앉은뱅이 뒷북 치는구나
하루도 아니고 한두 해도 아니고 사십년이나!

# 笑劇三場

1. 공 원

　공원 벤치 위에 맹인과 소녀가 나란히 앉아 있다. 그 앞을 신문팔이가 호외를 뿌리며 지나간다. 소녀가 그걸 하나 줍는다.

맹　인　뭐라고 써졌냐? 읽어봐라.
소　녀　맨당 한문이라서 한 자도 못 읽겠네, 씨.
맹　인　썩을 놈들, 우리말로 신문을 만들면 안 팔린다더냐. 이리 조바라.
　　　　(신문을 받아쥐고 주위를 두리번거리며) 근처에 암도 없냐?
소　녀　아까 그 사람이 오고 있어요, 이리로.
맹　인　(손을 내저으며) 아가 아가, 이리 좀 오너라.
신문팔이　난 아가가 아닌데요.
맹　인　그럼 소년.
신문팔이　소년도 아닌데요.
맹　인　그럼 어이 청년, 이리 좀 와주게.

신문팔이 청년도 아니고요.

맹 인 나오는 목소리로 봐서 분명 어르신은 아니신 것 같고.

신문팔이 그리고 분명히 꼬부랑 늙은이도 아니고요.

맹 인 그럼 뭣이라 불러줄까? 소년도 아니고 청년도 아니고.

신문팔이 청소년이라고 불러주세요.

맹 인 옳거니, 청소년, 호외에 무엇이 났지?

신문팔이 죽었어요.

맹 인 어떤 사람이?

신문팔이 사람이 아녀요.

맹 인 그럼 짐승인가, 동물원의?

신문팔이 짐승도 아닌걸요.

맹 인 옳지, 새겠구먼. 천연기념물인 크낙새가 죽었는가?

신문팔이 크낙한 기념물에는 가까울 것 같지만 새는 아녀요.

맹　인 사람도 아니다, 짐승도 아니다, 새도 아니다. 그러면 뭐가 있지, 신문호외에 날 만큼 떠들썩한 죽음이?

신문팔이 아저씨 저를 따라서 해봐요. 사람은 사람인데 짐승만도 못한 사람이고.

맹　인 사람은 사람인데 짐승만도 못한 사람이고.

신문팔이 야수처럼 포악하고.

맹　인 야수처럼 포악하고.

신문팔이 이리처럼 잔인하고.

맹　인 이리처럼 잔인하고.

신문팔이 여우처럼 간사하고.

맹　인 여우처럼 간사하고.

신문팔이 늑대처럼 탐욕스럽고.

맹　인 늑대처럼 탐욕스럽고.

신문팔이 그래도 감이 안 잡혀요?

맹　인 크낙한 기념물에 가깝고
　　　　 사람은 사람인데 짐승만도 못한 사람이고

>   야수처럼 포악하고
>   이리처럼 잔인하고
>   여우처럼 간사하고
>   늑대처럼 탐욕스럽고.

신문팔이 그러면서도 부자들한테는 사랑받고.

맹 인 그러면서도 부자들한테는 사랑받고.

신문팔이 그러면서도 가난뱅이한테는 미움받고.

맹 인 옳거니 독재자군!

신문팔이 맞았어요! 이제 눈뜬 당달봉사도 독재자는 가난뱅이들의 적이고 부자들의 친구란 걸 아네.

맹 인 그런데 소년, 아니 청년 아니 청소년 그게 참말인가?

신문팔이 헛말은 아니어요.

맹 인 어떻게 죽었지?

신문팔이 빵. 빵. 빵. (총 쏘는 시늉을 하며 사라진다.)

2. 거 리

기자 1 이거 낭팬데, 어디서 찍지.

기자 2 글쎄
시민들의 표정은 하나같이 밝고
시민들의 얼굴은 하나같이 즐겁고
거리마다 술집마다 분위기는 들떠 있고 만원이고 흥청망청인데
어떻게 하지.

기자 1 그래도 나라의 대빵이 죽었는데 이럴 수가 있을까.

기자 2 누가 아니래. 개 같으나 소 같으나 그래도 사람이 죽었는데 말야.

기자 1 아, 저기 슬픈 표정이 하나 오는군.

기자 2 (잽싸게 다가가서) 실례합니다 사모님.

여 자 전 사모님이 아녜요.

기자 1 죄송합니다 아가씨.

여 자 어머 제가 아가씨로 보여요? 전 아가씨도 아
니에요.

기자 2 아, 그렇습니까. 그럼 뭐라 부를까요?

여 자 그냥 여자예요.

기자 1 아 그렇군요 아주머니.

      저는 ××일보 기잔데 한마디만 여쭤보겠습니다. 슬프지요?

여 자 ?

기자 1·2 (동시에) 그러니까 단군 이래 가장 위대한 지도자 대통령 각하께서 어젯밤에 서거하셨습니다. 이제 슬프지요?

여 자 전 지금 바빠요. 우리 집 강아지가 어젯밤에 죽었거들랑요. 그래서 지금 가축병원에 가는 길이에요.

기자 1·2 (동시에) 그렇군요. 과연 슬프겠습니다.

기자 1 제기랄 어디서 찍지, 슬픈 표정을.

기자 2 제기랄 어디서 찍지, 우는 얼굴을.

기자 1 아, 저기 ○○일보 강기자가 오는군. 슬픈 표정 많이 찍었소?

기자 3 실컷 찍었지. 울고불고 야단난 분위기.

기자 2 어디서, 도대체 어디서 그것을 찍었소?

기자 3 초상난 집에서.

기자 1·2 (서로 마주보며) ?!

3. 감옥 면회실

맹 인 알고 있냐?

아 들 뭣을요? 아버지.

맹 인 아직 듣지 못했느냐?

아 들 아버지 여긴 감옥이어요.
여기서 내 귀가 듣는 것이라고는
아침 저녁으로 문 따는 쇠붙이 소리
가까워졌다 멀어져가는 군화발 소리
매 때리는 소리와 매 맞고 지르는 비명소리뿐

이어요.

맹 인 　갔다.

아 들 　누가 가요? 아버지.

맹 인 　뻗었다.

아 들 　참 아버지도, 뻗긴 뭣이 뻗어요?

맹 인 　골로 갔다.

아 들 　참 아버지도. 가긴 누가 가고 뻗긴 뭣이 뻗었단 말예요?

맹 인 　너를 여기다 처넣은 놈이.

간 수 　정치적인 얘기 하면 안됩니다. 집안 안부만 묻고 대답하세요. 잘 있냐, 잘 있다 이런 식으로.

아 들 　나를 여기다 처넣은 놈이 어디 한두 놈인가요.

맹 인 　그 중 한 놈이다.

아 들 　자유를 밀고한 놈인가요?

맹 인 　아니다.

아 들 자유를 잡아조진 놈인가요?

맹 인 아니다.

아 들 자유를 때려조진 놈인가요?

맹 인 아니다.

아 들 자유를 불러조진 놈인가요?

맹 인 아니다.

아 들 자유를 연기해조진 놈인가요?

맹 인 아니다.

　　　　자유를 살해한 놈이다.

　　　　일제 때는 관동군의 하사가 되어

　　　　조국의 독립을 살해하고

　　　　미군정 때는 CIA의 첩자가 되어

　　　　민족의 해방을 살해하고

　　　　4·19 이후에는 CIA의 사주를 받은 쿠데타가 되어

　　　　나라의 독립과

　　　　민중의 자유와

조국의 통일을 살해한 놈이다.
아 들 어떻게 뻗었어요? 그놈이.
맹 인 빵. 빵. 빵.
아 들 만세, 민주주의 만세!
　　　　만세, 민족해방 만세!
　　　　만세, 조국통일 만세!

제 4 부

한 매듭의 끝에 와서
두물머리
이 바보 천치야
많이 달라졌지요
법 규
무 심
서당 훈장
개똥벌레 하나
어머니의 밥상
양복쟁이
어느날 공장을 나오면서
바람 찬 언덕에 서서
단결의 무기
노동의 대지에 뿌리를 내리고
겨레의 마지막 순결 너 백두산 기슭이여
역사에 부치는 노래
선거 때만 되면
추석 무렵
밤의 서울
토악의 세계
자식 때문에 어머니가
근 황
거대한 뿌리

한 매듭의 끝에 와서

80년대, 저 짓밟힌 풀들과 함께

한 해의 끝에 와서
내 왔던 길 십년의 길
되돌아보면 그 길
가파른 길에 비가 와서
삭풍에 눈보라까지 쳐서 얼어붙은 길
강 굽이굽이마다
산 굽이굽이마다
눈물자국 핏자국 산전수전이다.

내 왔던 길 그러나
내 혼자만의 길 아니었다.

그 길
자유의 날개를 꿈꾸고

그 길
동터오는 해방의 아침을 열고

통일의 길
갈라진 땅 하나됨의 길로
치닫는 길이었다.

가시밭길 헤치고
피나는 길 무릅쓰고
모든 사람들과 함께 걸었던 길
치켜든 주먹에
투쟁과 단결의 기치 세우고
어깨동무하고 걸었던 길이었다.

그 길 자유의 길을 가다
어떤 이는 총알에 맞아
부러진 날개의 피 묻은 새가 되기도 했다.
그 길 해방의 길을 가다
어떤 이는 도끼에 발등이 찍혀
쓰러진 나무가 되기도 했다.

그 길 통일의 길을 가다
어떤 이는 비바람 눈보라에 모가지가 꺾여
다시는 일어서지 못하는 들풀이 되기도 하고

아 살아남은 자의 슬픔이여
나 여기까지 와서 무엇인가
눈물의 천길 계곡인가
절망의 늪에서 헤어나지 못하는
좌절의 무릎인가
불의의 세계와 싸우다가
도끼와 총알에도 굴하지 않았던 형제들이여

나 아무것도 아니다.
또 하나의 별 그 밑에서 나
억센 주먹의 다짐이 아닐 때
원수 갚음의 원수 갚음의
전진하는 발자국 싸움이 아닐 때

저 쓰러진 나무들과
저 짓밟힌 풀들과
함께 어깨동무하고 걸었던 그 길
함께 발맞추고 걸었던 그 길
자유의 길
해방의 길
통일의 길
내 다시 걷지 않을 때 그때
나 아무것도 아니다.

한 매듭의 끝에 와서
내 가야 할 길 멈출 때.

두물머리

만나면
금방
하나가 된다 물은
천봉만학
천 갈래 만 갈래로 찢어져

골짜기로 흐르다가도
만나면
만나기만 하면 물은
금방 하나가 된다 어디서고
웅덩이에서고
강에서고
바다에서고

나 오늘
경기도 양평 땅에 와서
두 물이 머리를 맞대고 만난다는

두물머리란 데에 와서
남한강 물 북한강 물
두 물이 하나가 되는 기적을 본다.

어인 일인가 그런데
인간 세상은
만나면
만나기가 무섭게 싸움질이다.
남과 북이 그렇고
동과 서가 그렇고
부자들과 가난뱅이들이 그렇다.

이 바보 천치야

이 땅에서는 왜
자유의 꽃씨가 싹을 틔우지 못하는 것일까
이렇게 내가 잠결에 헛소리를 하니까
누가 내 옆구리를 찌르면서 비웃었다
그것도 몰라 그것도 몰라 이 바보야
땅이 깡깡하니까 그러는 거야
그래서 나는 바보가 되어 멍청하게 생각해봤다
과연 그런가부다 하고

이 땅에서는 왜
자주의 나무가 뿌리를 내리지 못하는 것일까
이렇게 내가 꿈결에 잠꼬대를 하니까
누가 내 대갈통에 알밤을 먹이면서 비웃었다
그것도 몰라 그것도 몰라 이 천치야
땅이 딱딱하니까 그러는 거야
그래서 나는 천치가 되어 멍청하게 생각해봤다
과연 그런가부다 하고

왜 이 땅의 군인 아저씨들은
사월이 와서 이 땅에 자유의 싹이 돋아나면
그 싹 돋아나기가 무섭게 짓이겨버리는 것일까
왜 이 땅의 군인 아저씨들은
오월이 와서 이 땅에 자주의 나무가 뿌리를 내리면
그 뿌리 착근하기가 무섭게 뽑아버리는 것일까
잠에서 깨어 꿈에서 깨어
내가 눈 비비며 이렇게 똥딴지 같은 소리를 하니까
누가 내 입을 틀어막고 쉬쉬했다

그것도 말이라고 해 그것도 말이라고 해 이 바보 천치야

이 땅은 자유가 싹을 틔우기에 적합치 않은 땅이라고

이 땅은 자주가 뿌리를 내리기에 적합치 않은 땅이라고

북아메리카 백인들이 말했기 때문이야

그래서 나는 바보 천치가 되어 멍청하게 생각해봤다
과연 그런가부다 하고

많이 달라졌지요

일제 때 조선 사람이
독립 만세 부르면
일본 순사가 와서 잡아갔지요
일본 검사한테 취조받고
일본 판사한테 재판받았고요

일본이 물러나고 미군이 들어서고
한국 사람이
양키 고 홈 하면 이제
한국 경찰이 와서 잡아가지요
한국 검사한테 취조받고
한국 판사한테 재판받고요

많이 달라졌지요 해방되고
남의 나라 사람들 몰아내자 외치고
제 나라 사람들한테
잡혀가고 취조받고 재판받을 정도는 되었으니까요

법 규

벤츠
캐딜락
베엠베
푸조
도요다
그들은 힘이 세고 위풍 또한 당당하다
그들에게는 속도제한 따위가 없다
그들에게는 교통순경 따위가 없다
쭉쭉 뻗어나가는 고속도로가 있을 뿐이다
그따위 것들이 커브길 같은 데에 있기라도 하면
속도제한, 교통순경 따위가 있기라도 하면
앞바퀴로 걷어차버리거나
뒷바퀴로 짓뭉개버리거나
지폐 서너 장으로 날려버리거나 한다
속도제한에 쩔쩔매고
교통순경에 딱지를 맞는 것은
티코

프라이드
르망
스텔라
그런 못난 것들이거나
달걀줄이나
배추포기나
달랑달랑 싣고 가는
봉고나 용달이나 포터 같은 것들이다

해와 달도 밝히지 못한 것들이 있다
새로운 음지에서 서식하는 부정과 부패란 놈이 그것이고
새로운 소굴에서 작당하는 권모와 술수란 놈이 그것이다
갈아엎어라 쟁기질하는 농부들이여
그러면 나올 것이다 우글우글 땅속에서
그대 눈물의 뿌리를 갉아먹고 사는 굼벵이와 두더지

들이
　때려부숴라 망치질하는 노동자들이여
　그러면 나올 것이다 엉금엉금 굴속에서
　그대 땀의 결실을 훔쳐먹고 사는 살쾡이와 시라소니
들이

　해가 지고 달이 지고 밤이 깊다
　이 밤에 내가 할 수 있는 일은 무엇일까
　바람 찬 언덕에서 나는 나의 시가
　부엉이의 눈과 독수리의 부리를 가질 수 있기를 바
랄 뿐이다

무 심

아침 햇살이 은사시나무 우듬지에서 파르르 떨고
산골을 타고 흐르는 물소리는 내 귀에서 맑다
나는 지금 어머니를 따라 산사를 찾아가고 있다

어머니 그동안 이 고개를 몇번이나 넘으셨어요

니가 까막소 간 뒤로 이날 이때까장 그랬으니까
나도 모르겠다야 이 고개를 몇차례나 넘었는지

옥살이 십년 동안 단 한번도 자식을 보려
감옥을 찾은 적은 없었으되
정월 초하루나 팔월 보름날 같은 날이면
한번도 빠짐없이 절을 찾으셨다는 어머니
그런 어머니를 두고 사람들은 고개를 갸우뚱하지만
실은 나도 모를 일이다
자식이 보고 싶을 때
감옥 대신 절을 찾으셨던 어머니의 그 속을

이제 이 고개만 넘으면 어머니 그 절이 나오지요

그래 그래 하면서 어머니는 숨이 차는지
공양으로 바칠 두어 됫박 쌀차둥이를 머리에서 내려
놓고
후유 후유 한숨을 거듭 쉰다

니 나왔은께 인자 나는 눈 감고 저승 가겠어야
니 새끼가 너 같은 놈 나오면 그때는
니 예편네가 이 고개를 넘을 것이로구만
풍진 세상에 남정네가 드나들 곳은 까막소고
아낙네는 정갈하게 몸 씻고 절을 찾아나서는 것이여

  * "인자 오냐" 그뿐이었다, 내가 옥문을 나와 십년 만에
    고향집을 찾았을 때 어머니가 내게 하신 말씀은. '어디
    몸 상한 데는 없느냐' '고생 많이 했지야' 이따위 말씀

도 하지 않았다. 나는 이런 어머님의 속을 알지 못한다. 무심(無心), 이 한마디의 말 속에 내 어머니의 속이 담겨 있는지도 모른다. 희로애락에 들뜨거나 호들갑스럽지 않은 내 어머니가 때로는 부처님 같기도 하다.

서당 훈장

하늘천 따아지 검을현 누루황
아이들 천자문 읽는 소리에
나는 잠시 걸음을 멈추고 귀를 기울인다

흙담 너머로 고개를 내미니
흰 고무신 한 켤레와 운동화 대여섯 켤레가
사랑방 섬돌에 가지런히 놓여 있다

가알왕 오올래 차알영 기울측
아이들의 낭랑한 목소리를 뒤로 하고
나는 마을 길에서 벗어나 들길로 접어든다

봄날 오후라 그런지 나른하게 몸이 풀어지고
나는 아지랑이 피어오르는 시냇가에 앉아
성냥을 그어 담배에 불을 붙인다

요즘 같은 세상에서 시골 아이들에게

한문을 가르치고 있는 선생은 어떻게 생겼을까
담배 연기 속으로 웬 노인이 모습을 드러냈다

그는 상투머리에 갓을 쓰고 있었다
그는 마고자에 호박단추를 달고 있었다
그는 오른손에 시누대를 들고 있었다

영락없이 그는 내 어린 시절의 서당 훈장이었다
천자문을 외우다 꾸벅꾸벅 졸거나
붓글씨가 지렁이처럼 구부러지거나 할 때

이놈! 정신일도 하사불성이라 했거늘
이놈! 곧은 정신은 곧은 자세에서 나온다 했거늘
이놈! 무슨 딴생각에 혼이 잡혀 있는고 호통치며

시누대로 만든 그 낭창낭창한 회초리로
내 종아리에 시퍼런 매를 놓고는 했던

바로 그 엄혹한 서당 훈장님이었다

개똥벌레 하나

빈 들에 어둠이 가득하다
물 흐르는 소리 내 귀에서 맑고
개똥벌레 하나 풀섶에서
자지 않고 깨어나 일어나
깜박깜박 빛을 내고 있다

그래 자지 마라 개똥벌레야
너마저 이 밤에 빛을 잃고 말면
나는 누구와 동무하여
이 어둠의 시절을 보내란 말이냐

밤은 깊어가고
이윽고
동편 하늘이 밝아온다
개똥벌레는 온데간데 없고
나만 남아 나만 남아
어둠의 끝에서 밝아오는 아침을 맞이한다

풀잎에 연 이슬이 아침 햇살에 곱다
개똥벌레야 나는 네가 이슬로 환생했다고
노래하는 시인으로 살련다
먼 훗날 하늘나라에 가서

어머니의 밥상

예나 이제나
어머니 밥상은 매한가지다
묵은 배추김치에
멸치 두세 마리 가라앉은 된장국에
젓갈에 마늘장아찌에
달라진 것이 있다면 보리밥 대신 쌀밥이다

어머니 살기 좋아졌지요
냉장고도 있고
세탁기도 있고
모는 기계가 척척 심어주고
제초제를 뿌리고 비닐만 씌워주면
오뉴월 땡볕에 진종일 콩밭에 나앉아
그놈의 김을 매지 않아도 되고요

그러나 짐짓 물어보는 나의 물음에
어머니의 대답은 시큰둥하다

좋아지면 뭣한다냐 농사짓고 산다 하면
총각이 시집 올 처녀를 구하지 못하는 시상인디
이런 시상 난생 처음 살아야 그뿐인 줄 아냐
사람이 죽어도 마을에 상여 멜 장정이 없어야
지난 봄에 아랫말 상돈이 아부지가 죽었는디
저승 가는 사람을 상여소리도 없이
식구들끼리 리야까에 싣고 뒷산에 갖다 묻었단다
옛날에는 사람이 죽으면 사흘 낮 사흘 밤
마을이 온통 초상이고 축제였는디……

밥술을 뜨는 둥 마는 둥하다가
어머니는 숟갈을 놓으시며 한숨을 쉬었다

봄이 와도 이제 들에 나가 씨 뿌릴 맘이 안 생겨야
쭉정이만 날릴 가실마당을 생각하면

양복쟁이

면서기
조합 직원
세리
산감
순사
이들 양복 입은 사람들은
우리 농민들에게서 뭔가 가져가는 사람들이었다
씨암탉이라든가
보릿말이라든가
쌈짓돈이라든가
생사람이라든가
그런 것을 가져가는 사람들이었다
국민학교 다니고 중학교 다니고
내가 대학교를 다니던 70년대까지만 해도 그랬다

그래서 그 무렵
동구 밖에 양복 입은 사람이 나타나면

마을은 온통 공포의 도가니 속이었다
　안개재에 양복쟁이 떴다! 하고
　마을 사람 누가 소리질러 적의 내습을 알리면
　어머니들은 술동이를 이고 보리밭 속으로 숨고
　아버지들은 나무등걸을 지고 대숲으로 숨고
　누나들은 솔가지를 꺾어 두엄더미 속으로 숨고
　아이들은 울음보를 터뜨리고 할머니 치마 속으로 숨
었다

어느날 공장을 나오면서

기계가 고장나면 자본가는 그것을 고쳐 쓰고,
사람이 고장나면 자본가는 그것을 쫓아내고.

'문자 속 하나는'.

대저 잡범들의 유무죄와 죄의 무게는
검사와 판사와 변호사의 담합에 의해서 결정되나니
그 자리는 피의자의 가족이 마련한 돈방석이니라.

한자라면 하늘천 따지도 모르고
제 애비 이름 석자도 못 쓰는 후레자식들
그런 그들도
좀도둑 같은 날강도 같은 그들도
문자 속 하나는 빠삭한 게 있고 하니
하늘 땅보다 학식이 넓고
공자왈 맹자왈보다 덕망이 높은
판사 검사 변호사의 뺨을 줄줄이 세워놓고 칠 만큼

빠삭한 문자 속 하나 있고 하니
가라사대 그것은

유전이면 무죄요 무전이면 유죄라.

바람 찬 언덕에 서서

총칼의 가호 아래서
마구잡이로 긁어모았군 지폐와 토지와 건물을……
그동안 삼십몇년 동안
박아무개와 전아무개와 노아무개와 이웃하여 살면서
많이도 주고받고 잘도 살았군
배가 터져 죽지 않아 늘그막에 망신살이 낀 것인가
억울하게 재수 더럽게 옴 붙은 인생살이 낀 것인가
사정의 칼끝에 드러난 저들의 꼬락서니를 보라
개씹에 보리알 불거지듯
하나씩 둘씩 삐쳐나오기 시작하는 저들의 썩은 대가리를 보라
저들이 이 나라의 '지도층 인사'들이었다 이것인가
의원님들이고
장차관 나으리들이고
시장이고 도지사고
변호사고 판사고 검사고
그렇고 그런 사람들이었다 이것인가

보라고 썩고 문드러져

이제는 그 형체조차 알 수 없는 부정의 손과 부패의 내장을

보라고 일그러지고 비뚤어져

이제는 그 안면조차 몰수하기 어려운 권모와 술수의 형제들을

저들 때문에 세상은 악취로 진동했거늘

하늘과 땅 사이에서 사람들은 까닭도 모르고 코를 싸매고 다녀야 했구나

저들 때문에 정치는 야바위꾼의 노름으로 둔갑했거늘

아침 저녁으로 사람들은 텔레비전 앞에서 눈살을 찌푸려야 했구나

그러나 아직도 있다 이 땅에는

단결의 무기

이제 다시 모였구나 우리 농민들
이 땅에 조선의 땅에 미군이 들어서고
미군이 잡아준 터에
대한민국이 들어서고
그 북새통에
우리 농민들의 단체인 전농이 깨지고
우리 농민들 여기저기 흩어지더니
산지사방으로 흩어져 뿔뿔이 흩어져
도무지 말이 없더니
도무지 힘을 못 쓰더니

그동안 미제 몇십년 동안
그동안 대한민국 몇십년 동안
이놈 저놈 가진 놈들 거머리 같은 놈들에게
우리 농민들 빨리기만 하고 살더니
이놈 저놈 힘센 놈들 몽둥이 같은 놈들에게
우리 농민들 터지기만 하고 살더니

이놈 저놈 배운 놈들 사기꾼 같은 놈들에게
우리 농민들 속기만 하고 살더니
그러면서도 우리 농민들
벙어리 냉가슴 앓듯 도무지 말이 없더니
꿔다 놓은 보리차댕이처럼
이놈한테 채고 저놈한테 채어도
이렇다 저렇다 도무지 대꾸가 없더니

이제야 다시 모였구나 우리 농민들
에헤라 이렇게 살다가는
그냥 이대로만 살다가는
우리 천만 농민들 어디 한 사람이나 살아남겠나 싶어
큰 마당 한마당에 모였구나

이 고을 저 고을
좁디나 좁은 지역의 울타리를 넘어
이 교회 저 교회

좁디나 좁은 종교의 한계를 넘어

어디 보자 그러면 우리 농민들
큰 마당 한마당에 모여 무슨 말을 하는가

첫째가 단결하자는구나
천만 농민의 입 하나로 뭉치면
미국 소도 그 앞에서 무릎을 꿇고
황소 뿔이 일어나 외세의 벽을 들이받을 것이라는
구나

둘째도 단결하자는구나
삼천리 방방골골 천만 우리 농민들
한 입의 고함소리로 터지면
농민들 고혈에 취해 살이 찐
거머리 같은 부자들의 배때기도 터질 것이라는구나
그러면 농가 부채에 시달린 가난뱅이들의 배도

쪼르륵 소리를 면하게 될 것이라는구나

셋째도 단결하자는구나
그러면 도시의 시궁창에 빠진
우리네 아들딸들도 건지고
그러면 자본가의 굴뚝에 빼앗긴
우리네 총각 처녀들도 되찾을 것이라는구나

하나도 단결 둘도 단결 셋도 단결
단결이야말로 우리 천만 농민의 유일한 무기라는구나
그 앞에서는 단결의 무기 앞에서는
무릎을 꿇지 않는 압제자가 없고
손을 들지 않는 독점 지배도 없을 것이라는구나

노동의 대지에 뿌리를 내리고

산은 무너지고 이제 오를 산이 없다 한다

깃발은 내려지고 이제 우러러볼 별이 없다 한다

동상은 파괴되고 이제 부를 이름이 없다 한다

무너진 산
내려진 깃발
파괴된 동상
나는 그 앞에서 망연자실 어찌할 바를 모른다

무엇이 잘못되었는가
암벽에 머리를 들이받는 파도에게 나는 물어본다
파도는 하얗게 부서질 뿐 말이 없고 나는 외롭다
바다로부터 누구를 부르랴 부를 이름이 없다
꿈속에서 산과 깃발과 동상을 노래했던 내 입술은
침묵의 바다에서 부들부들 떨고 나는 등을 돌려

현실의 세계에 눈과 가슴을 열었다

기고만장해서 환호하는 자본가의 검은 손들

그 손을 맞잡고 승리의 샴페인을 터뜨리는 패자들의
의기양양한 얼굴들
기가 죽었는지 어처구니가 없었는지
노동과 투쟁의 어제를 입술에 깨물고 우두커니 서
있는 낯익은 사람들

나는 애증의 협곡에서 가슴을 펴고 눈을 부릅떴다
하늘은 보이지 않는 장막 그러나 나는 보았다
먹구름을 파헤치고 손짓하는 무수한 별들을
아직도 그 뿌리가 뽑히지 않고 바람에 흔들리고 있
는 나뭇가지들을
그리고 날벼락에도 꺾이지 않고 요지부동으로 서 있
는 불굴의 바위들을

저 별은 길 잃은 밤의 길잡이이고
저 나무는 노동의 형제이고
저 바위는 투쟁의 동지이다
가자
가자
그들과 함께 들판 가로질러 실천의 거리와 광장으로
가서 다시 시작하자 끝이 보일 때까지
역사의 지평에서
의기도 양양한 저 상판때기의 검은 손들을 지우고
노동의 대지에 뿌리를 내린 투쟁과 승리의 깃발이
나부끼게 하자

겨레의 마지막 순결
너 백두산 기슭이여

농사짓고 산다 하면
총각이 시집 올 처녀를 구하지 못하는 나라

시집갈 열아홉살 꿈을 보듬고
거울 앞에서 얼굴을 붉혀야 할 처녀가
하루 세끼의 밥과 잠자리를 위해
도시의 뒷골목에서 몸을 파는 나라

꽃에서 꽃으로 옮아다니며
그 입술로
가을의 결실을 맺어주던 벌 나비가
농약에 취해
봄의 언덕에서
떼죽음을 당하는 나라

바닷가에 가면 뻘밭에서
폐수에 질식당한 꼬막이

입을 벌린 채 숨을 헐떡거리고
강가에 가면 강물 위에
물고기가 허옇게 배를 드러내놓고
송장으로 떠다니는 나라

이런 나라에서 나 이제
북에 대고 개방 운운 안하겠다
별 하나 밤하늘에 초롱초롱 키우지 못한 주제에
어느 하늘에 대고 그따위 소리를 해
붕어 한마리 병들지 않게 키우지 못한 주제에
어느 강물에 대고 그따위 소리를 해
유해물질을 떠올리지 않고는
콩나물 한봉다리 안심하고 살 수 없고
참기름 한방울 속지 않고 사먹을 수 없는 주제에
무슨 낯으로 그따위 소리를 해
밤이고 낮이고 술집에서 여관에서
제 딸년 같은 아이의 옷이나 벗기는 주제에

무슨 속으로 그따위 소리를 해

오 마지막 남은 인류의 자존심
너 백두산이여 대동강이여 금강산 일만이천봉이여
나는 절한다 그대 순결 앞에
새해 새아침 우리 집 장독대에 정화수 떠놓고
허리 굽혀 절한다
무릎 꿇고 절한다
천번 만번 절한다
통일이 안되어도 좋으니
천년 만년 남남북녀로 갈라져 살아도 좋으니
겨레의 마지막 순결 너 백두산 기슭이여
자본의 유혹 앞에서 치맛자락을 걷어올리지 말아라
너 금강산 일만이천봉 민족의 기상이여
자본의 위협 앞에서 무릎을 꿇지 말아라

역사에 부치는 노래

빛이 빛을 잃고 어둠속에서
세상이 갈 길 몰라 헤매고 있을 때
섬광처럼 빛나는 사람들이 있었다
그들은 어둠속에서 어둠의 세계와 싸우며
밝음의 세계를 열었으니
역사는 그들을 민중의 지도자라 부르기도 하고
시인은 그들을 하늘의 별이라 노래하기도 한다

소리가 소리를 잃고 침묵 속에서
세상이 무덤처럼 입을 봉하고 있을 때
천둥처럼 땅을 치고 하늘을 구르는 사람들이 있었다
그들은 침묵 속에서 세계와 싸우며
하늘과 땅을 열었으니
역사는 그들을 민족의 선각자라 부르기도 하고
시인은 그들을 대지의 별이라 노래하기도 한다

오늘밤 우리는 여기 모였다 어둠을 밝히고

역사는 지평선으로 사라져간 그들을 부르기 위해
오늘밤 우리는 여기 모였다 침묵을 깨치고
강 건너 저편으로 사라져간 그들을 노래하기 위해
김시습
정여립
정인홍
최봉주
김수정
허균
이필제
김옥균
김개남
전봉준
그들은 지금 우리와 함께 여기 있다
민족이 해방을 요구하고
나라가 통일을 요구하고
민중이 자유와 평등을 요구하고 있는 이 시대에

보라 가진 자들에게는 눈엣가시였으되
민중에게는 어둠을 밝히는 하늘의 별이었던 그들을
보라 나라님에게는 역적이었으되
백성에게는 어깨동무하고 전진하는 이웃이었던 그들을
그들은 살아 있다 지금 여기 하늘과 땅 사이에
우리의 가슴에 핏속에 살아 숨쉬고 살아 움직이고 있다
그들의 눈은 아직도 섬광처럼 번뜩이며
어둠의 세계에서 작당하는 권모와 술수의 정치를 쏘아보고 있다
그들의 입은 아직도 천둥처럼 땅을 치고 하늘을 구르며
썩어문드러진 부패한 관리의 모가지를 요구하고 있다
그들은 아직도 붓과 낫과 창을 거머쥐고
외적의 무리와 맞서며 민중들의 단결을 호소하고

있다

밤이 깊다 날이 새기 전에
지금 이곳에서 우리가 할 수 있는 일은
그들의 혼을 가슴 깊이 들이켜고
우리의 입과 팔다리로 육화시키는 일이다
어제의 그들이 꿈꾸었던 사상의 세계를
오늘의 우리가 꽃으로 피우는 일이다
그들이 못다 부른 노래를 우리의 입으로 부르며
그들이 남기고 간 무기를 우리의 손으로 들고서

선거 때만 되면

선거 때만 되면 라디오에 텔레비전에
어김없이 나오는 대통령의 말이 있으니

그 말 길 가던 귀머거리가 듣기라도 하면
고막이 터져 길바닥에 나동그라질 천둥 같은 말

그 말 도랑을 건너던 심봉사가 듣기라도 하면
눈을 번쩍 뜨고 다시는 감지 못할 번개 같은 말

그 말 하늘 아래 산천초목이 듣기라도 하면
아이고 무서워 부들부들 떨며 기절초풍할 말

'여야를 막론하고 지위 고하를 막론하고
선거 부정이 있으면 엄벌에 처하겠다!'는 그 말

거짓말을 밥 먹듯 하고 사는 사기꾼이 듣고
나보다 한수 더 뜨는 놈이 있네 하고 혀를 내두른다

추석 무렵

반짝반짝 하늘이 눈을 뜨기 시작하는 초저녁
나는 자식놈을 데불고 고향의 들길을 걷고 있었다.

아빠 아빠 우리는 고추로 쉬하는데 여자들은 엉뎅이로 하지?

이제 갓 네살 먹은 아이가 하는 말을 어이없이 듣고 나서
나는 야릇한 예감이 들어 주위를 한번 쓰윽 훑어보았다 저만큼 고추밭에서
아낙 셋이 하얗게 엉덩이를 까놓고 천연스럽게 뒤를 보고 있었다.

무슨 생각이 들어서 그랬는지
산마루에 걸린 초승달이 입이 귀밑까지 째지도록 웃고 있었다.

밤의 서울

하나아 두울 세엣 네엣……
아이가 손가락을 꼽아가며 셈을 하고 있다
네살배기 아이가 앙증맞게도
밤의 창가에 턱을 괴고 앉아서

토일아 너 거기서 뭘 세고 있니
어미가 아들 곁으로 다가가서 하늘을 쳐다보며 묻는다

다서엇 여서엇 일고옵 여더얼……
아이가 지금 세고 있는 것은 별이 아닐 것이다 틀림없이
십자가일 것이다
회색의 대기 속을 뚫고 우뚝우뚝 솟아 있는
시뻘건 시뻘건 십자가들일 것이다
한 집 건너 또는 한 건물에도 두 개씩 솟아 있는

십자가 십자가 십자가……
서울에 살면서 그런 시뻘건 십자가들을 볼 때마다
나는 소름이 끼쳤다
나는 가슴이 섬뜩했다
어릴 적에 툇마루에 앉아 별을 헤며
셈을 하고 구구단을 외운 적이 있었던 나에게
밤의 서울은 흡사 거대한 공동묘지와도 같았다

토악의 세계

파도가 몰려온다 벌거벗은 여름날의 바닷가로
열 겹 스무 겹 떼지어 하얗게 몰려온다
와서
내 발등을 할퀴고
와서
내 발목을 물어뜯고
와서
내 무릎에서 사납게 부서진다
이것 좀 보란 듯
이것 좀 보란 듯
모래밭에
인간이 버린 욕망의 허섭쓰레기를 토해놓으며

그것은 이빨자국에 썩어문드러진 과일이었다
그것은 작살난 개의 머리였고 식칼에 토막난 닭의 울대였다
그것은 모가지가 떨어져나간 술병이었고 옆구리가

구겨진 깡통이었다
 그것은 철사에 꼬인 꽃게의 발가락이었고
 그것은 등이 구부러진 이상한 고기였고 비닐 속에서 질식당한 꼬막이었다

 그것은 유방에서 벗겨진 브래지어였고
 그것은 발정한 성기에서 빠져나간 콘돔이었다

 그것은 그것은
 내가 인간이라는 사실에 구역질이 나는 토악의 세계였다

자식 때문에 어머니가

상복을 입은 여인들이
광장의 분수대를 돌고 있다
저마다 가슴에 사진을 하나씩 껴안고
분수대를 돌고 있는 여인들은
팔을 치켜들고 뭐라고 뭐라고 외치기도 하고
고개를 떨구고 흐느껴 울기도 한다

저 여인들은 어느 나라 사람들일까
철모와 방패에 포위된 채 분수대를 돌고 도는 저 여인들은
우리에게 텔레비전을 보여주고 있는 민가협의 총무간사가 설명한다
쿠데타에 자식을 빼앗긴 아르헨티나의 어머니들이라고
살려내라 살려내라 우리 자식 살려내라 외치고 있다고

권력에 굶주린 늑대들에게
자식을 빼앗긴 아르헨티나의 어머니들
살해된 자식을 가슴에 묻고 애통해하는 아르헨티나의 어머니들
나는 보았다 나는 보았다 저와 같은 어머니들을 대한민국에서도
광주에서도 보고 서울에서도 보았다
감옥의 담벼락에서도 보고 법원의 뒷골목에서도 보았다
안기부의 정문에서도 보고 보안사의 후문에서도 보았다
폭력의 하수인들이 지배계급의 생명과 재산 지키고 있는 곳이면 그 어느 곳에서도 보았다

철모와 방패의 포위 속에서
살해된 자식을 살려내라 외치고 있는 아르헨티나의 어머니들이여

세상 사람들의 무관심 속에서
우리 자식 살려내라 외치고 있는 대한민국의 어머니들이여
그러다가 개처럼 두들겨맞고
그러다가 짐짝처럼 트럭에 실려
쓰레기처럼 아무데나 버려지는 두 나라의 어머니들이여
언제쯤이면 아 언제쯤이면 자식 때문에 어머니가
상복을 입고 흐느껴 우는 시절을 살지 않을 수 있을까요

근 황

요즘 나는 먹고 사는 일에 익숙해졌다
어제도 오늘도 밤의 술집에서 즐겁고
나는 이제 새벽의 잠자리에서 편하다
체포
구금
고문
감옥
그따위 어둠의 자식들은 내 기억에서조차 멀다

아침이다
나는 마누라가 건네주는 수화기에 짜증을 내며 귀를 댄다
멀리서 내 이름을 확인하는 목소리가 들려오고
나는 소리의 주인공을 기억하지 못한다 낭패한 목소리가
그 이름을 밝히고 나서야 나는 그 목소리가
감옥의 출구에서 갓 나온 소리라는 것을 알았다

어쩌다 이렇게까지 되었는가 나는
갑자기 지난날의 나로 되돌아가고 싶다
숙박계에 가짜이름을 적어놓고 뜬눈의 밤을 새웠던 싸구려 여인숙들
날이 새는 것을 두려워했던 어둠의 골목들
불편한 하룻밤을 신세져야 했던 신혼 부부의 단칸 셋방
뒷주머니에 지폐를 찔러주며 어색해했던 가난한 문인들
지난날의 기억들을 나는 이미 잊고 살아도 되는 것인가
아직도 수백의 사람들이 도피와 투옥의 세계에서 겨울을 나고 있는데
나는 누구인가 그 이름 하나 제대로 기억하지 못하고 있는 나는

차라리 어둡고 괴로운 시절이라면
가시덤불 속에서 깜박깜박 어둠을 쫓는 시늉이나 하다가
날이 새면 스러지고 마는 개똥벌레라도 될 것을
차라리 춥고 배고픈 시절이라면
바람 찬 언덕에서 늙은 상수리나무쯤으로 떨다가
나무꾼의 도끼에 찍혀 땔감으로라도 쓰여질 것을

이제 나는 아무짝에도 쓰잘 데 없는 사람이다
밤이 대낮처럼 발가벗은 이 세상에서는
배가 터지도록 부어오른 이 거리에서는

거대한 뿌리

장성 갈재를 넘으면 거기 산 하나 있다 무등산
그는 하늘에 우람한 수목을 기르지 않는다 그 자신이 우람하다

무등산을 오르다 보면 거기 산기슭에 사람 하나 있다 강연균
그는 대지에 거대한 뿌리를 내리지 않는다 그 자신이 거대하다

내가 그를 처음 본 것은
광주 1989년 오월 어느날이었다

단호한 입술 그가 입을 열면
거짓이 진실 앞에서 무릎을 꿇었다

번뜩이는 눈망울 그가 눈을 뜨면
추악한 과거가 아름다운 미래 앞에서 벌거숭이가

됐다

  다부진 몸매 그가 가슴을 열면
  타다 남은 재도 다시 살아나 석류 속처럼 빨갛게 타올랐다

  하늘과 땅 사이에서 그가 그린 현실은
  그러나 극과 극이 상하로 이를 가는 상극의 세계만은 아니었다
  질그릇처럼 투박한 갯가의 아낙네들
  봄이 와도 씨를 뿌리지 않는 어머니의 땅
  산전수전 다 겪고도 꺾이지 않는 불굴의 잡초들
  종이에 둘둘 말린 꽃다발
  순결한 여자의 육체
  이 모든 사물들이 살아 숨쉬며 꿈을 꾸는
  거대한 거대한 하나의 세계를 이루고 있었다

그것은 육체가 대지에 뿌리를 내리고
혼이 하늘을 향해 가지를 뻗고 꽃을 피우는 화가의 세계
나는 빠진다 나는 사로잡힌다
내 비좁은 삶의 영역을 넓혀주고
증오의 뼈다귀로 앙상한 내 시의 나무를
사랑의 끈으로 결합시켜주는 화엄의 세계에

장성 갈재를 넘으면 거기 산 하나 있다 무등산
그는 하늘에 우람한 수목을 기르지 않는다 그 자신이 우람하다

무등산을 오르다 보면 거기 산기슭에 사람 하나 있다 강연균
그는 대지에 거대한 뿌리를 내리지 않는다 그 자신이 거대하다

그것은 육체가 대지에 뿌리를 내리고
혼이 하늘을 향해 가지를 뻗고 꽃을 피우는 화가의 세계
나는 빠진다 나는 사로잡힌다
내 비좁은 삶의 영역을 넓혀주고
증오의 뼉다귀로 앙상한 내 시의 나무를
사랑의 끈으로 결합시켜주는 화엄의 세계에

장성 갈재를 넘으면 거기 산 하나 있다 무등산
그는 하늘에 우람한 수목을 기르지 않는다 그 자신이 우람하다

무등산을 오르다 보면 거기 산기슭에 사람 하나 있다 강연균
그는 대지에 거대한 뿌리를 내리지 않는다 그 자신이 거대하다

제 5 부

아버지
하하 저기다 저기
여자는
잔소리
중세사

아 버 지

망할 자식 몹쓸 자식은
폐허 질러 가로질러
갈 곳으로 가버렸는데
똥값보다 못한 곡식
등지고 가버렸는데
나오자마자 또다시
나오기가 무섭게 가야 할 곳
갈 곳으로 뒷걸음질치며 가버렸는데

아비야
땅을 쳐
가슴팍 치고
하늘 보면 뭣한다냐
발만 동동 구르면 뭣한다냐

남의 자석들은
중핵교만 나오고도

맨써기 군써기 착착 해묵고
콩 심어 팥 심어라
통일벼에 줄모 심어
큰소리 떵떵 치는데
팔 뻗어 턱 밑으로
삿대질 팡팡 해쌓는디

아비야
확확 숨통 터지는
논바닥을 기다니면
보람도 없이 뽀뽀
논바닥을 허물면 뭣한다냐

하하 저기다 저기

창부의 자식은
시궁창에 살고
새벽에 죽기 위해
밤으로 태어난다

개의 자식은
아궁이에서 자고
문간에서 죽기 위해
주인의 재산을 지킨다

나는 나의 애비는
어디서 솟아나
어떻게 살고
무엇을 위해 죽어가는가

하하 저기다 저기
빈궁으로 돌아난 달이

모기에 뜯기다가
가뭄의 방죽으로 빠진 곳은

팔딱팔딱 뛰면서 반항은 하지만
이제 제법 쓸모있는 하인
개구리가 사지를 쭉 뻗어버린 곳은
하하 저기다 저기

여 자 는

억세게 다뤘어야 했는데
불을 훔치듯 입술을 훔쳤어야 했는데
허벅지라도 압박해줬어야 했는데
다부지게 박아줬어야 했는데
엄살만 잔뜩 부렸기에 혓바닥으로
간지럼만 콕콕 먹였기에 펜촉으로

떠나버렸어 폭탄을 던지듯
던져버리고 꺼져버렸어 진정한
용기가 만용으로 통하는 거리에선
만용이야말로 미의 원천이라고
파괴는 박해자를 향해 최초로
봉기하는 자를 기다리고 있다고
Yes냐 No냐 그것 내 멋대로라고
그러나 어느 쪽이건 분명히하라고
모름지기 산이 되라고 바위가 되라고
사내가 되어 죽음이 되라고 결코

바람개비가 되지 말라고
만용과 파괴 이것이야말로 우리를
우리의 사랑을 결속시켜주는
가장 좋은 선물이라고

폭탄을 던지듯 던져버리고
꺼져버렸어 여자는

잔 소 리

첫날은 산림계 직원이 나오지요
부엌을 기웃거리고 헛간과 마구간을
살살이 마당귀를 엿보고 뒤지고
색출한 것은 장부에 오르지요
갈퀴나무가 오르고 타다 남은
등걸나무가 오르고 솔가지가 오르고
후들후들 벌금과 징역이 떨어지고
완전히 촌놈 겁주기죠

솥단지는 뭘 먹고 불 없는
겨울은 어떻게 나냐구요
지붕 개량하라는 거죠 썩은새가 나오지 않냐 이거죠
아궁이 개량하라는 거죠 석유도 있지 않냐 이거죠

다음날은 조합 직원이 나오지요
할당된 나락 왜 안 내냐
내놀 나락 없응께 못 내논다

평수 보고 쟀는데 없단 말이 웬말이냐
없응께 없닥 한다 있는 나락 안 내놓냐
이 양반 침도 안 바르고 거짓이냐
똥 발라도 거짓말은 못하는 성미다

다음 다음날은 산림계와 조합이 한꺼번에 몰려들지요
이리 사알살 긁어주고 저리 사알살 만져주고
잘 봐준다 못 봐준다 누님 좋고 매부 좋고
척 보면 똥이고 된장이라
눈치 하나야 촌놈이 빠르지요

사실 농부들은 꺼려하지요
이문도 이문이지만 정부수매 추곡매상
오복나게 까다롭고 우선 말려야 하는데
깡깡하게 말려야 하는데 이빨 새로 깨물어 톡톡 소리나게 말려야 하는데

가을볕 하루볕은 턱도 안 닿고
사나흘볕 땡땡볕에 쬐야 톡톡 톡톡톡 으깨지는 소리가 납니다
그나 그뿐인가요 치로 부쳐 풍로 부쳐 두번 세번 부쳐야 하고
꺼시락 하나 먼지 하나 없이 깨꼼하게 부쳐야 하고

어떤 줄 아세요 검사 맡으러 가면?
찔러댑니다 다짜고짜 쿡쿡 대창으로
가마니를 쑤셔댑니다 나락
색깔이 곱지 않다 가마니가 헐었다 새끼줄이 퉁퉁하다
벼라별 트집을 다 잡고 저울질합니다
어쩌다 근수가 모자라면 당장에 퇴짜
낙동강 오리알 떨어지듯 톡 떨어집니다
일등은 하늘의 별 따깁니다
이등은 가뭄에 콩 나깁니다

삼등이 하나씩 떨어지고 태반이
등외품 이맘 때면 공장문도 닫아버립니다
공장에다 못 내도록
수매 실적 올리려고

중 세 사

바로 걷는 자를 가장 쉽게 가장 빨리
모조리 때려눕히기 위해 모든 사람을
거꾸로 걷게 할 수는 없을까

그리하여 교황은
이단 적발의 가장 효과적인 수단의 하나로 신앙 칙령을 내렸다
각지에 이단 심문소가 설치되고
칙령은 전 주민을 이단 심문에 동원
모든 사람이 밀고자가 되길 요구했다
주민 중 이단인 줄 알면서 밀고하지 않는 자는
그 또한 이단으로 몰렸고 밀고한 자는 금품과 면죄부를 주었다
아무튼 이단을 적발하고 올바른 신앙을 억누르기 위해선
어떤 수단 허위도 기만도 공갈도 협박도 가리지 않았으며

탄압에 도움이 된다면 기적이나 미명
또 다른 구실을 만들어내는 데 거리낌이 없었다
결국 칙령의 목적은 신앙의 자유를 박탈하고
전 주민을 굴복시키고 그 지력(知力)을 마비시켜서
맹목적인 복종을 강요하는 위압적이고 교활한 수법으로서
몰락하여가는 교황권을 끝까지 붙들어보자는 데 있었다

이단자는 모두 공권이 박탈되었다 투옥되었다
이단을 취소하지 않는 자는 분형(焚刑)당했다
취소한 자라도 사실상 공직생활은 불가능하였고
이단자의 가족 중 공직자는 은밀히 쫓겨났다
이른바 형식적인 이단 재판소가 있었으나
검사라는 작자는 판사 노릇을 하였고
판사라는 작자는 검사의 하수인 격이었다

당시 저명한 성직자 조르다노 브루노는 이단 혐의를 받고
　각지를 전전하다가 체포되어 마침내
　로마에서 단죄받고 캄포 델 피오리에서 화형당했는데
　그는 잿더미 위에서 자신의 신앙의 꽃을 피우기 위해
　주민들로 하여금 장작더미를 쌓도록 했다 한다

　나중에 그러니까
　신앙의 자유를 찾았던 사람들은 당시의 암흑기를 회상하면서
　세상이 '모세' '예수' '마호멧' 이 세 사기꾼에게 속았다고
　독신(瀆神)적인 말을 퍼뜨리곤 했다 한다

■ 시작 메모

*

제 땅을 문서상으로는 소유하고 있다고 하지만
사실상은 보위하고 있는 거나 마찬가지여요
채무 노예여요

*

거기에는 담벼락에는
자본가의 쇠파이프에 찢겨져 피투성이가 된 노동자의 머리가 있었습니다
거기에는 담벼락에는
자본가의 식칼에 난도질당해 피투성이가 된 노동자의 등짝이 있었습니다
거기에는 담벼락에는
자본가의 식칼에 찔려 피투성이가 된 노동자의 옆구리가 있었습니다
거기에는 담벼락에는
자본가의 몽둥이에 맞아 실명한 노동자의 눈이 있었습니다
거기에는 담벼락에는
자본가의 각목에 맞아 산산조각이 난 다리뼈가 있었습니다

―― H그룹 농성장에서 포스터를 보고

*

우리도 인간이다, 화장실 좀 사용하자
우리도 인간이다, 식수 좀 사용하자
우리도 인간이다, 비 좀 피하자
              —— 농성장에 붙여진 구호들

*

가을바람 날리는 씨앗이고 싶어라
겨울 흙에 묻히고 싶은 씨앗이고 싶어라
봄바람에 피어나고 싶은 꽃이고 싶어라
가을이면 거 있지
떨어지는 낙엽이고 싶어라
떨어지는 낙엽이고 싶어라

*

이제 아무도 걸어서
집에 가지 않는다
10분 거리도 차를 타고 간다
가로수 없다
돌담길도 없다

*

연변 작가(개방되고 난 후)

변한 게 있습니다 (밤이 변했어요)
가라오께가 나이트 클럽이, 50개 (35만 인구)

갈보와 거리가 ——
술집이 생기고

*

엿

어머니 머리카락 주고
엿 한가락 사먹고
부러진 숟가락 주고 엿 한가락 사먹고
외짝 고무신 주고
엿 한가락 사먹고

*

이제 아무도 제 오던 길을 되돌아보지 않는다
지워버렸기 때문이다

이제 아무도 제가 한 말을
귀담아들으려 하지 않는다
소음이 와서 지워버렸기 때문이다

아무도 제 삶을 반추하지 않는다

*

금방이라도 하늘 밖으로 삐어져나올 듯한 반달이
두 산 사이에 닻을 내린다

선회하고 배회하는 밤

웅덩이 속에서 별이

밤은 눈썹 사이에 죽음의 십자가를 만들며 달아난다
푸른 용철로와 말없는 투쟁의 밤
나의 가슴은

*

마누라는 남편에게
공기와도 같은 것
숨쉬고 살 때는
그 존재의 소중함을 의식하지 못하지만
그것이 없을 때
그것의 소중함을 의식한다

*

어제는 이 입술에서 머물고
오늘은 저 입술에서 머물고
나는 그동안 40년 동안
정욕에 눈먼 미친개처럼 쏘다녔다

*

자정이 넘었다고 잠들지 말라
너의 생각을 행동에 옮긴 사람들이
지금 지하실에서 나뒹굴고 있다

*

동네북이던 아이가

골목대장을 때려눕히고 의기양양하다

*

밥그릇
국그릇
찬그릇
이 세 그릇에 담긴
콩밥
시래기
무말랭이
삼시 세끼로 십년을 살았다

아 다시 그곳으로 돌아가고 싶다
0.7평짜리 방으로
잡동사니로 가득 찬 이 세상 뒤로 물리치고
펜과 종이만 나에게 주어진다면

*

  바람에 날려 이리 쏠리고 저리 쏠리고 무게 없는 가랑잎이었다가
  파도에 밀려 이리 기울고 저리 기울고 중심 잃은 조각배이었다가
  철창에 기대 밤하늘 희미한 달빛을 보고 눈물을 흘렸다가

*

  배부르고 등 따순 세상이다

이런 세상에 대고 내가 할 수 있는 말은 없다
차라리 소 귀에 경을 읽는 게 낫지
차라리 도야지 목에 진주 목걸이를 거는 게 낫지

그러나 등 따숩고 배부른 세상에도
썩지 않는 게 있다 하늘의 별이 그것이고
한파에도 싹을 틔우는 보리밭이 그것이다
그리고 그리고 내 가슴에

*

깊고 깊은 여름 산속
골짜기에 아기샘
표주박으로 물을 뜨면
청개구리

*

나는 쓰러졌다 밑동이 잘린 나무처럼
서울 1979년 가을이었고
도끼를 든 도벌꾼들은 밧줄로
나의 팔 나의 허리를 묶어놓고 담배를 꼬나물었다

*

하나 둘 셋 넷……
밤의 창가에서 꼬마들이 세고 있는 것은
별이 아니다 십자가다

*

이제 강가에 가면 아이를 씻길 물이 없다

*

햇살은 나뭇잎에서 곱고
흐르는 물소리는 내 귀에서 맑다

*

근대화 10대 강령

농촌의 이농화
도시의 빈민굴화
경제의 매판화
정치의 괴뢰화
남성의 야수화
여성의 창녀화
인격의 상품화
자연의 오염화
분단의 고착화
인간의 비인간화

*

그늘진 네 얼굴이 돌아서며
빛나고
나는 눈물을 훔친다
돌아서며 돌아서며

그래 또 만나자
달이 지구의 둘레를 한바퀴 돌 때

*

세일
세일
세일
50% 세일
100% 세일
300% 세일
왕창 세일
몽땅 세일
속임수
속이는 사람 속는 사람
두 종류의 인간만이 있다
연중무휴의 세일

*

감 옥

밥 담배 술 등
자질구레한 욕망이 줄고
머리가 명경지수 맑아진다
그래서 최고의 독서실

*

정치범에게 펜과 종이를 주지 않는 것은

민족문학의 커다란 손실이다

*

침묵이 최고의 음악일 때가 있다
침묵 아닌 것이 침묵을 필요로 할 때

*

나는 백두산을 오르되
너희들처럼 연변 쪽으로
오르고 싶지는 않아

■ 일 기

⟨1990. 10. 29.⟩
이제까지 내가 쓴 시 참 보잘것없다.
내 나이 마흔다섯, 이제 시작이다.
내년부터는 생활 속으로 들어가자. 거기 가서 끝간 데까지 사랑하고 증오하자. 중용은 시가 아니다. 그것은 성자들이나 할 일이다.
시인은 성자가 아니다. 혁명하는 사람 그가 시인이다.

⟨1993. 11. 18. 빛고을 자연건강회 단식원에서⟩
인간의 성장과 발전에는 시련과 고통이 반드시 필요하다고 나는 인식해왔다. 또 하나의 시련과 고통이 나에게 주어졌다. 자 그것을 받아들이자. 그리고 그 극복을 위해 싸우자.
나는 자라면서 오늘날까지 수없이 많은 사람들로부터 도움만 받고 베풀지는 못했다. 아니 안했다. 건강이 좋아지면 우선 베푸는 사람이 되어야지.

⟨1993. 11. 21. 5시⟩
'호박+미꾸라지+황토' 반사발을 먹기 시작하고 한 시간 후에 오줌을 싸보았더니 오줌발이 세차졌다. 기분만은 아닌 것 같다.

〈1993. 11. ○.〉
 금년에 내린 첫눈은 탐스럽기도 하다.
 이 눈을 보고 토일이가 제 어미에게, 엄마, 아빠 빨리 나으라고 눈이 많이 오지?라고 한다. 신통하다. 네살배기 아이가 어떻게 눈 오는 것을 보고 이런 말을 할 수 있지?

 이 고통을 참자. 마땅한 것으로! 나의 지난 오년 동안의 생활은 너무나 불성실했고 건강에 대한 소홀은 너무나 지나쳤던 것이다.

〈1993. 11. 27. 7시 10분〉
 양의의 처방과 한의의 처방 사이에서 오락가락 선택을 못하고 있다가 후자를 따르기로 했다. 어젯밤 9시에 한약을 먹고 새벽 1시 반쯤에 심한 등의 통증과 함께 변을 보았다. 버끔과 검은 노폐물이 섞인 누리끼한 똥이 서너 차례 아침까지 나왔다. 숙변을 제거하는 첫 과정인 듯하다. 배는 쓰라리지만 속은 편하다.

〈1993. 12. 1. 밤 12시 무렵〉
 진리는 단순하다. 이 단순에 도달하는 과정이 복잡하다면 복잡하다. 나는 오늘밤 진리에 도달했다. 내 병은 내가 고친다는, 내 병의 근원은 내 몸속에서 독기를, 노폐물을 빼내는 데 있다는 것을. 아, 자신을 갖자. 기쁘다!

 고통에는 끝이 있다. 이 통증을 이기자. 고환을 돌 위에다 놓고 망치로 깨버리고 싶은 이 고통의 극한이여!

〈1993. 12. 4. 새벽 4시 30분〉

어머니 아버지 노동으로 먹고 자라고 학교도 다녔다.

광주에서 학교 다닐 때는 친구나 선배의 집에서 먹고 자고 했다.

감옥에 다녀와서는 글 몇자 쓰고 1만원도 받고 5만원도 받고 말 몇마디 하고 3만원도 받고 30만원도 받고 하면서 식구들 먹여 살렸다.

나는 이날 이때까지 다른 사람의 신세만 지고 산 셈이다. 아주 쉽게, 노동의 고역도 없이.

앞으로 내가 건강을 되찾는다면, 그리하여 내 손으로 노동의 연장을 들고 논과 밭에 설 수 있다면 열심히 일해서 남에게 베푸는 사람이 되어야겠다. 받아먹고만 사는 그런 사람이 아니라 베풀면서 사는 그런 사람이.

기압의 영향 때문인가? 꼭 밤이면 등의 통증이 오기 시작해서 날이 샐 때까지 이어진다. 밤이 무섭다.

박철 시인이 새벽 3시에 집에 왔다. 술이 취해 있었다. 울면서 갔다. 그 눈물을 내 손으로 닦으면서. 그도 한때 죽음의 고비를 넘나드는 경우가 있었으니 동병상련인가? 사람은 같은 처지를 당해봐야 상대를 가장 잘 이해한다.

편 지

──무적에게

 인동에서 나온 시집을 보았네. 남풍에 그 시집에 나온 시들을 교정해놓은 것이 있을 것인데 그것을 인동에 갖다 주었으면 하네. 인동의 시집에 실리지 않은 시가 적어도 백여 편 더 있을 것으로 추측이 가는데 그것을 누가 가지고 있는지, 모아졌으면 하네. 박광숙씨가 갖고 있는 것이 사십여 편 된다고 들었네. 그것이 모아지면 남풍에 있는 것과 함께 복사해서 내가 한번 보도록 해주게. 사정 봐서 취사선택해 공개하든지 지하로 돌리든지 해야 할 것 같네. 나는 이 시대를 위해서 쓴 것이지 사후의 시대를 위해서 쓴 것이 아니네. 지금 써먹지 못하면 아무 소용 없는 종이쪼각에 다름없네. 이 부탁 꼭 이행해주면 고맙겠네.
 하이네 시를 번역하고 있네. 내가 좋아한 것만을 골라서 말이네. 브레히트, 네루다, 아라공, 마야코프스키 등의 것을 번역해서 한 백여 편 되면 시집으로 낼까 하네. 이 시대를 위해서 필요한 것 같기 때문이네. 내가 전에 부탁한 이들 시인들의 시집을 구해주면 좋겠네. 영어나 독일어나 스페인어나 일어 등으로. 당장에 구입해줘야 할 것은 하이네의 『독일. 겨울 이야기』 일어판이네. 마야코프스키와 아라공의 것은 일어판밖에 없네. 그것도 아라공

의 것은 각천서점(角川書店)에서 나온 『세계의 시집 3 アラゴン詩集』뿐이고 마야코프스키의 것은 반총서점(飯塚書店)에서 나온 『マヤコフスキ選集』 I・II・III권뿐이네. 중복이 안되도록 하게. 요즘 원전(原典)이 더러 번역되어 나오는 모양인데…… 『국가와 혁명』『제국주의론』도 나온 모양인데 보고 싶다네.

나 때문에 여러가지로 수고하신 남풍 여러분께 감사드리고 싶네. 남풍과 자네에게 일러두고 싶은 것이 있네. 내가 보낸 글쪼가리는 출판사나 집에다 보관하지 말고 엉뚱한 곳에다 간수하기 바라네. 그리고 복사해서 만일의 경우에 대비도 하고. 어려운 조건에서 어렵게 어렵게 나가는 글이 없어졌다는 소식을 들었을 때 맥이 빠졌고 그 생각만 하면 다시는 이런 어려운 작업 할 의욕이 싹 사라져버리고는 한다네. 작은 일도 성실하게 분별있게 해내는 사람이 좋은 일꾼이고 그런 사람을 이 시대는 필요로 한다네. 혁명적 언사나 남발하고 다니는 사람이 훌륭한 일꾼은 아니라네. 아무도 모르게 숨어서 일하는 사람 그런 사람이 참으로 훌륭한 일꾼이라고 할 수 있네.

1988. 3. 9. 솔연

—— 남풍에게

요즘 와서 시가 마구 씌어집니다. 두렵기까지 합니다. 두려움이란 내용에서 오는 게 아니고 형식에서 옵니다. 잠시 시 쓰는 일을 그만두어야겠습니다. 그동안 씌어진 시들을 모아 독자들에게 보여야 할 일이 남았는데 어떤 방법으로 보여야 할지 망설여집니다. 공공연하게냐 은밀하게냐를 놓고 말입니다. 내 생각은 시작업을 계속하기 위해서 은밀하게 하는 쪽으로 기울어지기도 합니다. 공개적으로 꼭 해야겠다면 꾀가 있어야 할 것입니다. 나는 나 자신이 드러나는 것을 원하지 않습니다. 나는 숨어서 일하는 것을 좋아합니다. 일의 효과에 너무 집착하다 보면 일의 지속성이 없어지기 때문입니다. 그뿐만 아닙니다. 은밀하게 해도 공공연하게 하는 만큼의 효과를 낼 수 있다면 전자를 택하는 것이 좋은 일꾼이 취해야 할 태도라고 생각하기 때문입니다.

꾀를 하나 냅시다. 시집을 내는 꾀 말입니다. 나는 비합법적으로 독자의 손에 전달되는 것을 바라지만, 그쪽에서 꼭 합법으로 해야겠다면 시집의 저자는 다음과 같이 하는 것도 고려해보십시오. '김남주 외'라고요. 적을 감쪽같이 속이기 위해서, 그리고 적으로부터의 공격에 대비해서 그 방법이 괜찮다고 생각됩니다.

다시 말해서 적이 어떤 시를 문제를 삼으면 그건 나의 것이 아니라고 강변할 수 있도록 말입니다. 지난해 가을에도 내 시집 문제로 관의 조사를 받았는데 그때도 나는 그렇게 강변했습니다. 운동권 학생들이 내 이름을 도용해서 선전의 효과를 노리려고 그런 모양이라고 말입니다. 가령 책이름이 『시와 혁명』이라면 저자는 '김남주 외'라고 써주시는 것을 고려해주십시오.

번역시 문제로 돌아갑시다. 시집 이름을 『아침 저녁으로 읽기 위하여』라고 하면 좋겠습니다. 나는 그 시들을 '싸우는 사람'들이 일상적으로 보아주기를 바랍니다. 틀림없이 힘이 되어줄 것입니다. 각 시인들에 대한 약력과 시에 대한 해설을 생각해보았습니다만 그만두기로 했습니다. 범죄가 너무 완벽하고 치밀하면 오히려 의심받을 소지가 커지기 때문입니다. 꼭 부탁드리고 싶은 것은 시집을 내기 전에 내가 교정쇄를 보도록 해주십시오. 혁명적 금언 몇개 적어봅니다.

1. 아무리 사소한 일도 먼저 질서와 체계를 세우고 침착 기민하게 대처할 수 있도록 항상 마음의 준비를 하고 있자.
2. 적을 공격하기 전에 반격에 대한 백퍼센트의 준비 없이는 공격을 개시하지 말자.
3. 방심은 최악의 적이다. 주변 정리를 잘하자.
4. 나는 하나의 길 또는 다른 길로 발걸음을 내딛기 전에 사물의 스물네 가지 측면을 검토한다.

용기와 지혜와 건투를 빕니다.

1988. 4. 21. 率然

—— 남풍에게

번역시집의 이름을 『해방시집 1』로 하고 '아침 저녁으로 읽기 위하여'는 부제로 해주십시오.

앞으로 계속해서 외국시를 번역하여 『해방시집』 1·2·3으로 엮어볼 생각입니다. 2는 러시아편, 3은 제3세계편이 될 것입니다. 러시아의 고전시인들, 푸쉬킨, 레르몬토프, 네크라소프 등의 시집을 일역이나 영역본이 있으면 준비해보십시오. 제3세계 시집도 준비해보시고요. 일본서점에 가서 문학 관계 도서목록이 있으면 한권 사서 보내주시면 고맙겠습니다. 이런저런 책을 주문하고 싶으니까요. 우리는 각자가 처해 있는 조건에서 최선을 다해야 할 것입니다. 최선을 다하지 못하는 사람은 역사와 민중 앞에서 유죄입니다. 일상적으로 작은 일을 꾸준히 해내는 사람이야말로 변혁운동에서 필요한 사람입니다. 공허하고 과장된 혁명적 언사나 뇌까리고 다니는 사람보다.

건투를 빕니다.

1988. 6. 18. 솔연

■ 발 문

그는 스러져가는 나무에서 말라죽어가는 잎사귀이기를 거부하였다

김 형 수

1

 팔푼이 같은 소리지만, 내 깐엔 이번에 꽤 어려운 글을 쓰게 된 것 같다.
 우선 생전의 버릇대로 선배님이라는 호칭을 그대로 쓰겠다.
 선배님의 시집에 발문을 써볼 수 있겠느냐는 물음에 응당, "웬 당치도 않은 말씀입니까. 어디 제 주제에 맞아야지요"라고 나갔어야 할 대답이 엉뚱하게도 그만 "한번 해보겠습니다"로 튀어나가고 말았다. 달리 변명하자니 구차해질 것 같고, 솔직히 쓰고는 싶은데 내 몫의 말이 많지 않았다. 선배님이 하시는 일에 '여벌'로라도 따라나서보고자 노력했다고는 하지만 실상 선배님을 공경하는 마음 한 구석에는 늘 선배님이 나를 미워하고 계실지도 모른다는 두려움이 있어왔으니, 안 계시다고 해서 그것을 감춰둔 채 가까운 척만 하는 것은 위선이다. 살아 생전에도 늘 이 모양이었다. 속으로는 좋아 사족을 못 쓰고, 겉으로는 어렵고 무안스러운데다, 또 선배님이 좋다고 해서 아무나 덤벼들어 '남주 형님!' 하고 어깨를 같이 하려는 친구들이 밉고, 그래서 가능하면 나만이라도 함부로 하지 않고 선배님이 훼손되지 않을 만한 거리를 유지하면서 좋아하려 노력한다는 것이 그만 이런 어정쩡한 모양이 되고 말았다.

혹 그러한 결과가 아니었는지 모르겠다. 선배님과 관련하여, 시간이 흐를수록 모르겠는 것이 더 많아지는 것 같았다. 문학의 크기, 정신의 크기, 삶의 크기, 이 모든 것들이 우리에게 너무나 가까운 곳에서 또 흔하고 친근하게 보여짐으로 인해 지나치게 과소평가되었던 것은 아닐까? 내가 처음 이런 생각을 해본 것은 장례식이 끝나고도 한참이나 시간이 흐르고 나서였다. 그때가 선배님 돌아가시고 석 달쯤 뒤였던가? 평전을 써보겠노라는 포부를 안고 그 삶을 헤아려보기 시작했을 때 놀랍게도 꽤 많은 시간들이 내가 잘 모르는 페이지에 속해 있었다. 나를 그토록 사로잡았던 그 광채나는 영광의 상처들도 선배님이 가져온 감동적인 삶 전체로 보아서는 매우 편린적인 것들에 불과했던 것이다. 막상 장례식장에서, 선배님에게 아내 박광숙, 아우 덕종 이 두 분과 토일이 외에도 형님, 누나, 조카 등등의 다른 유족이 더 있다는 것을 아는 순간부터 그런 생각이 들었던 것인데, 선배님 역시 한 '인간'이었다. 추측해보건대 자기 생의 많은 시간을 선배님도 우리 '작은 것'들처럼 망설이고 갈등하고 회의하고 또 그러면서도 구차스러워지지 않으려고 외로움을 견뎌내고 그러는 데다 빼앗겼을 것이다. 그러나 그러한 여백들은 뚝 직굵직한 결단과 거침없는 실천들로 인해 어지간한 눈에는 잘 드러나 보이지 않았다. 그만큼 매몰찬 급류처럼 살아버린 것이다. 이러한 생을 자신은 어느 편지에서 '여울 같은 것'이라고 말한 적이 있다.

여울처럼 평탄치 못했던 삶을 나는 한갓 밑에서 올려다 봤던 것에 불과하다. 마치 키 작은 난쟁이가 저 높은 데서 회오리치는 하늘을 놀란 눈으로 구경하는 정도의.

2

지금 생각해보면 새삼 그 삶의 완벽한 아름다움에 놀라지 않을 수 없다. 나는 그 시작이 어디서부터인지는 알지 못한다. 다만 내가 처음 그 존재를 느끼기 시작했을 때 선배님은 감방에 있었다. 민중을 위하여 재벌의 집을 털었다고 했다. 남민전이라고 하는 지하조직을 만들어 혁명에 가담했으며 무기를 들었다고 했다. 거기서 나를 사로잡은 것은 지하조직이나 전투성 따위가 아니었다.

> 하늘의 태양 아래서
> 이름 빛내며 살기란 쉬운 일이다
> 어려운 것은
> 지하로 흐르는 물이 되는 것이다 소리도 없이
> 밤으로 떠도는 별이 되는 것이다 이름도 없이
> ——「혁명의 길」부분

지상에 이런 '무명'의 철학을 가진 인간이 살고 있다는 것이었다.

　　시를 쓰면서 검열관이나 출판사의 여직원을 떠올리지 않고
　　미래의 복권 사후의 명성까지도 운산하지 않고
　　무심하게 무심하게 시를 쓸 수는 없을까
　　　　　　　　　　　　　　　——「음모」부분

무명으로 살되 바로 그 무명에마저 연연해하지 않는 그런 '무심'의 경지에 도달한 인간이 내가 살고 있는 세상을 빛내고 있다는 것이었다. 소리도 없이, 이름도 없이, 무심하게 무심하게 역사에 헌신한다는 것, 그것은 욕망의 속박으로부터 해방되어 마음껏 정신적 자유를 구가할 수 있는 진정한 의미의 자유인들만이 누릴 수 있는 아름다움이리라.

너무도 당연하게 선배님이 옥살이를 하는 그 9년 동안 한국은 명시의 홍수를 맞았다. 선배님은 먼저 쓴 시가 채 소화도 되기 전에 다음 시를 써서 밖으로 내보냈다. 나는 밖에서 누군가가 가지고 나온 선배님의 시를 몰래 읽고 흥분하여 그것을 퍼뜨리고는 했다. 그것이 내가 하는 운동의 다였다고 해도 과언이 아니다.

내가 선배님의 크기를 『조국은 하나다』 시절에 감옥에서 보여준 것보다 훨씬 더 크다고 생각하게 된 계기는 90년대가 한참이나 진행되고 나서였다. 선배님이 여러 곳에서 자조했던 것과는 달리 나는 80년대 못지않게 90년대에도 선배님 이상의 모범은 더 없다고 생각한다. 이를테면 이랬다.

쏘비에뜨연방이 해체되고 동독이 무너진 직후의 일이다. 한국의 진보적 지식인들에게 엄청난 회의의 바람이 불기 시작했다. 광범한 역사적 허무주의가 조장되어 온 거리에 범람하게 된 것이다. 그리웠다. 해 저물고 각자 흩어져 집으로 돌아가듯이 역사로부터 제가끔의 보따리를 챙겨 개인으로 돌아가는 많은 사람들! 한 시대의 격정을 등에 지고 있기가 버거운 듯 거리의 운동가들은 어디론가 숨어버리고는 나타나지 않았다. 80년대를 통해 드러난 거대한 민중의 힘에 의해 군부가 물러나고 민간정부가 들어섰으되, 속은 놔두고 껍질만 뒤집어 입은 '변절' 민간이 그 자리를 차지하였다. 그럼에도 불구하고 국민의 다수는 지역감정이라는 망령에 씌어 그것을 지지하였고 변절자들은 화려한 조명을 받았으며, 그들의 변절에 힘입어 냉전수구세력은 양심적인 인사들을 괴롭혔다. 아, 그 정신적 상처는 이후의 역사를 얼마나 황폐하게 만들었던가? 거리를 걷다 보면 실로 숱하게 마주치지 않을 수 없었던 그 걸어다니는 폐허들!

제발 이럴 때 누가 당당하게 발언해줄 사람이 있다면, 누구의 눈에도 명백하게 설득력있는 훌륭한 인사가 나타나서 사회 변혁의 흐름을 겸허하게 재점검하고 그 출발점을 되찾아가는 모습을 보여줄 수 있다면 얼마나 좋을까 하는 생각이 너무도 간절하게 날 때였다. 그때 가장 겸허했던 분이 선배님이었다.

"나는 더이상 글을 쓰지 않을 생각이오. 나는 소위 사회주의자인데, 이제까지 내가 말해온 사회주의는 어디 하늘의 뜬구름 속이나 몽상가들의 잠꼬대 속에 들어 있는 것이 아니라 예컨대 소련, 예컨대 동독, 이런 것들이었소."

 돌이켜보면 선배님은 기만을 용납하지 않았다. 언제나 단숨에 진실 앞에 육박하여 정면에서 발언했고 본질을 직시했다. 고통이라고 해서 피해 가려 하지 않았다. 현실 앞에서는 일단 상황의 종류를 가리지 않고 정직했으며 불리한 강도를 재어보지 않고 허위를 벗었다. 그래서 필시 스러져가는 나무에서 말라죽어가는 잎사귀가 되고 말 모든 거짓깽이들의 운명을 거부하였던 것이다.

 밤이 어두워야 별의 빛남을 알 수 있다고 했다. 나는 이렇게 말할 수 있을 것 같다. 이상은 높게 갖고 실천은 낮게 했던 분!

3

 지난 1년, 선배님을 잃고 나는 깊은 그리움을 앓았다. 평소에 워낙이 불충했던 녀석인지라 가만히만 놔뒀다면 행여 그럴 리가 없었으련만, 유감스럽게도 현실은 내게 선배님 타령을 안할 수 없도록 심하게 압박하고 강제하곤 했다. 80년대적 실천에 참여했던 사람들에 대한 홀대, 80년대적 정신을 구축했던 작품들에 대한 질타가 거리와 술집에서 공공연하게 자행될 때마다 꼭 린치를 당하는 것처럼 영혼이 마멸되는 기분이었다. 아무도 편들어주는 사람이 없고 어디에도 편안한 공간이 없는 상태에서, '옛 싸움은 끝나고, 새로운 싸움은 아직 시작되지 않았'는데 어찌할 것인가? 선배님의 자리를 비워둔 채로는 도대체가 설명되지 않는 게 너무도 많고, 선배님의 존재가 없는 상태에서는 결여된 정신의 면적이 하도 커서 그 허탈감을 가릴 수가 없었다. 그 죽음은 성수대교의 붕괴보다도 훨씬 더 큰 역사적 붕괴요 정신적 괴멸이었다. 단언컨대 만약 우리의 80년대가 수많은 사람들을 역사의 광장으로 내몰게 하는 어떤 정신의 힘을 가졌다고 한다면 나는 그것의 가장 온전한 형태가 다른 데 있었다고 보지 않는다. 그것은 바로 선배님의 시에 있었다. 나는 그런 의미에서 선배님의 죽음을 우리 역사의 상처라고 생각한다.

그 상처로부터 오늘 또 하나의 꽃이 핀다고 한다. 선배님도 없는데 선배님의 이름을 주인으로 한 새 시집이 나온다니, 슬프지만 기쁜 일이다. 나는 이 자리를 빌어 이 슬픈 경사를 널리 세상의 독자들과 더불어 속엣가슴 아리도록 축하해두고자 한다. 아직도 세상에는 인간이 대의를 위해서 자기를 던질 수 있다는 사실을 못 믿는 사람들이 많이 살고 있다. 이 시집은 특히 그분들에게 좋은 선물이 될 것이다. 미발표작들이 포함된 유고시집이면서 신기하게도 여기에는 갓 데뷔할 무렵의 시에서부터 작고 직전의 시에 이르기까지 선배님의 문학적 생애 전체가 아로새겨져 있어서 나는 그 어느 시집보다도 더 중요하리라고 본다. 선배님이 그토록 고민해 마지않았던 90년대적 상황에 부응하는 작품도 이 시집에는 여러 편 거두어져 있다. 「겨레의 마지막 순결 너 백두산 기슭이여」 「노동의 대지에 뿌리를 내리고」 「한 매듭의 끝에 와서」 등의 시는, 세계사의 변혁적 흐름에 큰 폭의 변화가 있었던 90년대 상황에 맞는 '큰 이야기'가 노래된 대작이라고 보여진다. 여기에 일기와 시작 메모들까지 있어 갈 길을 못 찾아 애태우던 문학청년들에게는 거의 환상적인 선물이 되리라.

감동적이다. 부자가 망해도 3년을 가더라고, 문학적 사상적 거부 김남주 선배님이 돌아가셔서까지도 우리에게 이런 유산을 남겨주는 것이 나는 꿈결처럼 행복하게 느껴진다. 이 샘물 마시고 다들 크게 기운들을 차렸으면 좋겠다.

엮고 나서

 그와 나는 죽음을 선고받고도 죽음을 받아들일 수 없었다. 죽음은 그냥 죽음일 뿐, 우리와는 상관이 없었다. 죽음은 하나의 관념일 뿐, 우리에게 닥칠 현실이 아니었다. 이렇게 멀쩡히 두 눈 뜨고 있는데 죽음이라니! 십년을 감옥에 갇혀 있다 이제 겨우 사람다운 삶을 살아가고 있는 판에 그가 죽어야 하다니, 그가 한 달 후에, 두 달 후에 혹은 석 달 후에 이 세상에서 사라져가야 할 이유가 어디에 있단 말인가. 이렇게 우리는 몸부림쳤고 죽음의 덫을 걷어내기 위해 안간힘을 다해 싸웠다.
 그러나 그는 결국 죽음의 덫을 걷어내지 못하고 무릎꿇고 말았다. 그는 한올의 미련도 온기도 남기지 않고 나를 버리고 떠나갔다. 영혼이 떠나간 차갑고 메마른 육신만이 내 곁에 남았다. 사람들은 그의 육신을 땅에 묻었다, 예를 다하여.
 그가 나를 버려두고 떠나갔던 것처럼 나도 그를 버리기 위해, 떠나기 위해 정리하고 또 정리한다. 물건을 버리고 집을 떠나고 추억을 태워버린다. 그리고 죽음도 생의 일부분이라는 사실을 받아들이기 위해 집착을 떠나는 훈련을 한다.
 한 시대가 그의 곁을 떠나갔을 때 고뇌하며 뒹굴던 영혼으로부터 육신을 분리해내기 위해 죽음을 안겨주었듯이 나도, 토일이도 이제 그의 떠남을 받아들여야 하고 그의 부재를 인정해야 한다.

　버리기 위해, 떠나기 위해 이 시집을 엮는다. 장롱 구석에 처박혀 있던 감옥 시절의 옛 원고뭉치를 꺼내 종이 쪼가리 하나하나를 뒤집어보고 까발려보는 짓은 하루하루 시들어가는 그의 얼굴을 마주한 것만큼이나 괴롭고 화나는 일이었다. 왜 이따위 일을 내가 해야 하는가 하는 것부터 미망인이나 과부라는 가당치도 않은 호칭을 떠안고 이 작업을 한다는 사실이 나를 몇곱절 더 열나게 하고 눈물을 쏟게 했다. 이깟 원고 쪼가리가 무슨 의미가 있는가. 자기 몸에 암세포가 자라나고 있는 것도 모르고 감옥에서 10년 동안 이깟 것들을 새기고 보듬고 있었단 말인가.

　… 사실을 말하면 무슨 원인이 있어 그러는지는 모를 일이로되 최근 한달 동안이나 어지럼증으로 여간 시달리지 않고 있습니다. 의무과에 있는 의사의 말이나 주변 사람들의 경험담에 의하면 위에 어떤 부작용이 있어서 그럴 것이라고도 하고, 달포 전에 안경을 바꿔 썼는데 그 때문에 그럴 것이라고도 그러고, 체한 것이 신체 어느 부위에서 막혀가지고 아직 그것이 내려가지 않아 혈액 순환을 막고 있기 때문이라고 그러고……
　　　　　　　—— 1987년 2월 1일자 편지에서

　세상이 몽둥이로 다스려질 때
　시인은 행복하다

　세상이 법으로 다스려질 때

시인은 그래도 행복하다

세상이 법 없이도 다스려질 때
시인은 필요없다

법이 없으면 시도 없다
──「시인」전문

  5·18의 피비린내가 진동하던 1980년 광주교도소에서 우유곽에서 은박지를 발견하던 순간의 회열, 못도막을 갈고 갈아 펜으로 삼아 은박지에 꼭꼭 눌러 광주의 흘린 피를 새겨놓은 시편들…… 감시의 눈초리가 사방팔방에서 번득이던 감옥 안에서 곱아드는 손을 녹이며 시를 새겨나가던 그의 모습……
  그래도 시인인 그는 그 시절이 시인으로서 가장 행복했던 시절이었다고 했다.
  그의 시 한줄 한줄은 명줄 한올 한올과 맞바꾼 것들이었다. 시편들을 새겨나가는 쓰라린 회열이 그의 몸을 들뜨게 할 적마다 육신 한복판에 조금씩 조금씩 자라나고 있던 암세포들, 그래도 시인인 그는 그때가 가장 행복했노라고, 피가 졸아드는 두려움으로 시를 새기던 그 시절이 가장 행복했노라고 했다.

  그는 떠났다.
  세상의 바람결도 바뀌었다. 앞서 나가던 사람들은 맨 뒤에 처져서 헐떡이느라 지쳐 있고, 빛나던 보석들은 진흙탕에 던져져 돌멩이가 되었다. 돌아보는 사람 없다. 그가 숨쉬던 공기는 예전의 그 공기가 아니다.

 시인이 아닌 평범한 남편과 토일이 아버지로 남아주길 바랐던 나의 바람도 내팽개쳐버리고 그는 떠나가버렸다. 법 없이도 다스려지는 세상이 돼서가 아니라 시를 쓸 수가 없어서, 시인이 필요없는 세상이어서가 아니라 그의 시가 이제 쓸모없는 세상이 돼버려서 그는 떠났다.

 여기에 실린 시들은 그가 떠난 후 여기저기에 흩어져 있던 것들을 정리한 것이다. 사람이 떠난 판에 이깟 것들이 다 무슨 소용이랴 싶은데 용기를 돋워주는 분들이 있어 이것저것 주워모았더니 한 권의 시집이 되었다.

 제1부는 최근의 시들로 미발표작들이고, 2·3부는 모두 감옥에서 썼던 것들이다. 감옥에서 쓴 것들은 모두 정리한 줄 알았는데 본인이 맘에 안 들었던지 어땠는지 모르나 기왕에 발표된 것들과 함께 '정리 다 된 것임' 하고 봉투에 적어서는 장롱 깊숙한 곳에 감춰두었던 것을 이사하면서 찾아낸 것이다. 감옥 세상에서 밖으로 나오고 나서도 늘 보호, 관찰, 수색, 체포의 위협과 위험에 노출될 수밖에 없었기에, 더더구나 감옥에서 쓴 것들은 숨겨놓아야만 했던 것들이다.

 제4부는 92년의 마지막 시집 『이 좋은 세상에』 이후의 것들로 여기저기 발표되었던 것들을 찾아모았고, 제5부는 등단하던 74년 무렵의 시들로 어떤 경위에서인지 염무웅 선생님이 가지고 계시던 것이 최근에 발견되어 『민족예술』 94년 여름호에 게재된 것이다. 그밖의 것들은 시작을 위한 메모들과 옥중에서 썼던 편지글, 마지막 겨울의 일기들인데, 이 편지글들은 수감중에 나온 『조국은 하나다』와 번역

시집 『아침 저녁으로 읽기 위하여』의 발간 과정을 지금이나마 조금 밝힐 수 있을 것 같아 공개하는 것이다.

옛 원고뭉치를 뒤적이면서 다시 한번 여러분의 애쓰심에 목이 메었다.

감옥 안에서 시인의 사명을 다할 수 있도록 격려와 도움을 준 참으로 많은 분들, 종이가 없던 시절에 우유곽에서 은박지를 발견해내고, 못을 갈아주고, 연필도막과 볼펜심을 갖다 준 분들, 감시의 눈초리를 감시해준 교도관들, 밖으로 시를 운반해낸 분들, 그 공포의 시절에 시집을 발간한 분들, 시를 읽고 투쟁의 의지를 돋워 열심히 싸워준 분들…… 그분들의 노고가 그의 죽음만큼이나 새삼 목을 아프게 했다.

그의 시와 그의 삶이,

  그의 생은 자기보다 무거운 역사의 짐을 지고 노을진 산비탈길을 올라야 하는 남루한 등짐장수와 같은 것
  그러나 그의 시는 저 깊은 생의 밑바닥을 치며 올라오는 고요론 저녁 놋종 소리와
  푸른 밀물 같은 것
  —— 이시영, 「시인 나귀」

이라면 그의 죽음을 서러워하지만은 않으리라.

이 유고 시집을 엮어내도록 격려해준 분들, 남은 원고들을 발간된 시집과 일일이 대조하며 추려내고 솎아내고 베껴내는 힘든 작업을 해준 박윤규, 강은숙 두 분과 책을 만

들어주신 창비 여러분께 감사드린다.

1995년 1월

□ 2판 출간에 부쳐

1999년 창작과비평사에서 리진 시선집 『하늘은 나에게 언제나 너그러웠다』가 나온 직후, 한 세심한 독자의 제보로 이 유고시집에 실린 「나와 함께 모든 노래가 사라진다면」이라는 시가 공교롭게도 리진 시인의 시집에도 제목만 달리 똑같이 실려 있음을 확인하였다. 창작과비평사의 연락을 받고 나서 돌이켜 생각해보니, 1989년 『다리』지(10월호) 발표 당시 다른 분의 시가 '김남주 역사기행 장시' 연재에 잘못 끼여들어 조판되었다는 잡지사 편집자의 연락을 받았던 것 같다. 경황중에 원고를 정리하면서 이 작품을 제외하지 못한 것은 나의 실수였으니 이제라도 바로잡아 김남주 시를 아끼는 이들께 사죄코자 한다. 아울러 리진 시인께도, 애초 『다리』지 편집자의 본의 아닌 실수로 야기된 것이긴 하지만, 정중히 사과드린다.

2000년 1월
박 광 숙

김남주 시인 주요 연보

1946년(1세) 10월 16일 전남 해남군 삼산면 봉학리 535번지에서 아버지 김봉수, 어머니 문일님의 둘째아들로 태어남.

1964년(18세) 광주일고 입학. 입시위주의 획일적인 교육에 반대하여 이듬해 자퇴.

1969년(24세) 대입검정고시를 거쳐 전남대 문리대 영문과 입학. 3선개헌 반대운동과 교련 반대운동에 참여, 반독재민주화운동을 이끎.

1972년(27세) 유신헌법 선포에 맞서 친구 이강과 함께 전국 최초의 반유신투쟁 지하신문 '함성'지 제작.

1973년(28세) 전국적인 반유신투쟁 전개를 위해 지하신문 '고발'지 제작. 반공법 위반 혐의로 구속. 징역 2년 집행유예 3년을 선고받고 복역중 투옥 8개월 만에 석방됨. 전남대에서 제적.

1974년(29세) 고향에 내려가 농사를 지음. 『창작과비평』 여름호에 「진혼가」 「잿더미」 등 7편의 시를 발표하면서 작품활동을 시작함. 이듬해 광주에 사회과학 서점 '카프카' 개설.

1977년(32세) 농민들과 함께 해남농민회를 결성. (이는 이후 한국기독교농민회의 모체가 됨.) 광주에서 황석영·최권행과 함께 민중문화연구소 개설.

1978년(33세) 상경하여 남조선민족해방전선 준비위원회에 가입하고 남민전 전위대 전사로 활동. 수배중 프란츠 파농의 『자기의 땅에서 유배당한 자들』(청사) 번역 출간.

| 1979년(34세) | 남민전 조직원으로 서울에서 활동중 구속되어 투옥됨. 이듬해 이 사건으로 징역 15년을 선고받고 광주교도소에 수감.
| 1984년(39세) | 첫시집 『진혼가』(청사) 출간.
| 1987년(42세) | 제2시집 『나의 칼 나의 피』(인동) 출간. 일본에서 시집 『농부의 밤』 일어판 출간.
| 1988년(43세) | 제3시집 『조국은 하나다』 및 하이네·브레히트·네루다 번역 시선집 『아침저녁으로 읽기 위하여』(남풍) 출간. 12월 21일 형집행정지로 투옥생활 9년 3개월 만에 출감.
| 1989년(44세) | 1월 29일 광주 문빈정사에서 박광숙과 결혼. 옥중서한집 『산이라면 넘어주고 강이라면 건너주고』(삼천리) 출간. 시선집 『사랑의 무기』(창작과비평사) 출간. 제4시집 『솔직히 말하자』(풀빛) 출간.
| 1990년(45세) | 광주항쟁시선집 『학살』(한마당) 출간. 92년 12월까지 민족문학작가회의 민족문학연구소장.
| 1991년(46세) | 제5시집 『사상의 거처』(창작과비평사) 출간. 제9회 신동엽창작기금을 받음. 시선집 『함께 가자 우리 이 길을』(미래사) 출간. 산문집 『시와 혁명』(나루) 출간. 하이네 정치풍자시집 『아타 트롤』(창작과비평사) 번역 출간.
| 1992년(47세) | 제6시집 『이 좋은 세상에』(한길사) 출간. 옥중시전집 『저 창살에 햇살이 1·2』(창작과비평사) 출간. 제6회 단재상 문학부문 수상.
| 1993년(48세) | 제3회 윤상원상 수상. 여의도 여성백인회관에서 '김남주 문학의 밤' 개최.
| 1994년(49세) | 2월 13일 새벽 2시 30분 췌장암으로 별세. 유족으로 부인 박광숙 여사와 아들 토일군이 있음.

창비시선 128

나와 함께 모든 노래가 사라진다면

초판 1쇄 발행/1995년 2월 1일
초판 4쇄 발행/1999년 8월 25일
2판 1쇄 발행/2000년 11월 10일
2판 7쇄 발행/2023년 11월 22일

지은이/김남주
펴낸이/염종선
펴낸곳/(주)창비
등록/1986년 8월 5일 제85호
주소/10881 경기도 파주시 회동길 184
전화/031-955-3333
팩시밀리/영업 031-955-3399 편집 031-955-3400
홈페이지/www.changbi.com
전자우편/lit@changbi.com

ⓒ 박광숙 1995
ISBN 978-89-364-2128-1 03810

* 이 책 내용의 전부 또는 일부를 재사용하려면
  반드시 저작권자와 창비 양측의 동의를 받아야 합니다.
* 책값은 뒤표지에 표시되어 있습니다.